열정으로 가득한 초심자의 마음가짐으로,
독자님과 함께 커가는 지식의 나무가 되겠습니다.

이것만
알면
통한다

여행
영어

이것만 **알**면 **통**한다
여행영어

초판 발행	2009년 04월 25일
초판26쇄	2024년 07월 10일
발행인	이재현
발행처	리틀씨앤톡
등록일자	2022년 9월 23일
등록번호	제 2022-000106호
ISBN	978-89-6098-078-5 (13740)
주소	경기도 파주시 문발로 405 제2출판단지 활자마을
홈페이지	www.seentalk.co.kr
전화	02-338-0092
팩스	02-338-0097

ⓒ 2009, 씨앤톡

본 책은 저작권법에 의해 보호를 받는 저작물이므로 무단 전재와 복제를 금합니다.

머리말

들뜬

마음으로 결심한 해외 여행. 출국 전 여권, 비자, 각종 서류와 비상약, 세면도구 등 모든 준비를 완벽하게 갖추었다고 자신하지만 여행회화책을 잊었다면 그 여행은 절반만 즐기는 것이나 다름없습니다. 네이티브처럼 유창하다면 더할 나위 없이 좋겠지만, 간단한 몇 마디가 여행을 힘들게도 하고 쉽게도 만들어주기 때문입니다. 그런 면에서 이 책은 영어를 잘하기 위한 책이 아니라 여행을 편하게 할 수 있도록 도와주는 가이드라고 할 수 있습니다.

이 책은

떠나기 전 체크사항에서부터 여행을 마치고 귀국길에 오르는 순간까지 여행에서 마주치게 되는 다양한 상황을 예상하여 필수 대화문을 엄선하여 구성하였습니다. 또한 회화 이외에도 각 상황에 필요한 현지 정보를 생생한 사진과 함께 제공하고 있습니다.

해외

여행은 단순히 발도장, 눈도장만 찍고 오는 것이 아니라 그 나라를 마음 가득 담아오는 것입니다. 아무쪼록 이 한 권의 책이 여러분 여행의 든든한 멘토가 되기를 바래 봅니다. 즐거운 여행 되세요.

— 편집부 —

이 책의 구성과 활용 방법

🪶 알고 갑시다

각 상황에서 알아야 할 사전 정보나 유용한 여행 팁을 정리하였습니다. 또한 현지의 생생한 장면을 사진에 담고 있어 여행을 준비하는 데 적지 않은 도움이 될 것입니다.

🪶 필수 표현

출국에서 귀국까지 여행을 하면서 겪게 되는 모든 상황에서 말할 수 있는 대표적인 표현을 모았습니다. 삽화를 함께 실어두었기 때문에 급한 경우 그림만 보여주어도 원하는 답을 얻을 수 있습니다.

🪶 상황별 회화 표현

여행을 하면서 꼭 쓰게될 영어회화 표현만을 담았습니다. 문장을 연습하면서 여행에 대한 기대감과 함께 자신감도 키워보세요.

🌀 상황별 주요 단어

각 상황에서 사용할 수 있는 어휘들을 정리하였습니다. 문장을 어떻게 만들까 고민하는 대신 이 단어들만을 활용하셔도 충분히 통합니다.

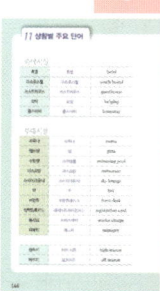

🌀 유용한 단어

여행을 하면서 말하게 될 숫자와 시간, 요일, 계절 그리고 날짜와 신체 표현 등을 실어놓았습니다.

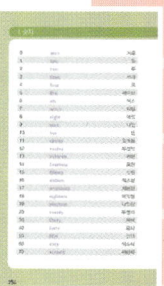

🌀 메모

놓칠 수 없는 관광 정보가 있다면 메모하는 것이 필수입니다. 여행 도중 만나는 친구들의 연락처를 기록하는 공간으로 활용할 수도 있습니다.

목차

1 여행 필수 표현 ... 10

여행 준비 정보 ... 12
인사 표현 ... 22
감사와 사과 ... 24
긍정 및 부정 ... 26
소개 ... 28
질문 ... 30
권유 및 제안 ... 32
부탁 및 허락 ... 34

2 기내에서 ... 36

출국 및 기내 정보 ... 38
기내 필수 표현 ... 40
자리 찾기 ... 42
좌석 이용 ... 43
음료 요청 ... 44
기내식 ... 45
기타 서비스 ... 46
기내 트러블 ... 48
입국 신고서 작성 ... 50
기내 쇼핑 ... 51
기내 주요 단어 ... 52

3 공항에서 ... 54

입국 정보 ... 56
공항 필수 표현 ... 58
경유 및 환승 ... 60
입국 심사 ... 61
짐 찾기 ... 63
세관 검사 ... 64
환전 ... 66
공항 안내소 ... 68
공항 주요 단어 ... 70

4 교통 이용 72

- 교통 정보 ·················· 74
- 교통 필수 표현 ············ 76
- 택시 ·························· 78
- 버스 ·························· 80
- 지하철 ······················· 82
- 열차 ·························· 84
- 렌터카 ······················· 86
- 렌터카 서비스 ············ 88
- 교통 주요 단어 ············ 90

5 음식 즐기기 92

- 식당 정보 ·················· 94
- 식당 필수 표현 ············ 96
- 예약 ·························· 98
- 자리 배정 ·················· 100
- 주문 ·························· 102
- 식사중 ······················· 108
- 페스트푸드 ················· 110
- 술집 ·························· 112
- 계산하기 ···················· 114
- 음식 주요 단어 ············ 116

6 숙박 이용 118

- 숙소 정보 ·················· 120
- 숙박 필수 표현 ············ 124
- 예약 ·························· 126
- 체크인 ······················· 128
- 룸서비스 ···················· 130
- 기타 서비스 ················· 132
- 트러블 ······················· 136
- 체크아웃 ···················· 138
- 숙박 주요 단어 ············ 140

7 현지 관광   142

- 관광 정보 ·················· 144
- 관광 필수 표현 ············ 146
- 관광 안내소 ················ 148
- 관광 투어 이용 ············ 150
- 길 묻기 ······················ 152
- 관람 ·························· 154
- 티켓 ·························· 156
- 사진 찍기 ··················· 158
- 오락 · 스포츠 ·············· 160
- 관광 주요 단어 ············ 162

8 쇼핑 즐기기   164

- 쇼핑 정보 ··················· 166
- 쇼핑 필수 표현 ············ 168
- 상점 찾기 ··················· 170
- 물건 고르기 ················ 172
- 포장하기 ···················· 176
- 계산하기 ···················· 178
- 교환 · 반품 ················· 180
- 쇼핑 주요 단어 ············ 182

9 공공시설 이용   184

- 전화 및 인터넷 정보 ····· 186
- 공공기관 필수 표현 ······ 188
- 전화 ·························· 190
- 우체국 ······················· 194
- 팩스 ·························· 196
- 인터넷 카페 ················ 198
- 공공시설 주요 단어 ······ 200

10 트러블 대처 202

- 트러블 대처 정보 ····· 204
- 트러블 필수표현 ····· 206
- 분실 · 도난 ····· 208
- 교통 사고 ····· 210
- 병원 ····· 212
- 약국 ····· 216
- 의사소통 ····· 218
- 트러블 주요 단어 ····· 220

11 귀국하기 222

- 귀국 전 체크 사항 ····· 224
- 귀국 필수표현 ····· 226
- 예약 확인 ····· 228
- 예약 ····· 230
- 예약 변경 ····· 232
- 귀국 수속 ····· 234
- 귀국 주요 단어 ····· 236

12 유용한 표현 238

- 친구 사귀기 ····· 240
- 날씨 ····· 244
- 날짜 · 시간 ····· 246
- 기분 ····· 248
- 유용한 단어 – 숫자 ····· 250
- 유용한 단어 – 숫자 · 시간 ····· 252
- 유용한 단어 – 요일 ····· 253
- 유용한 단어 – 계절 · 월 ····· 254
- 유용한 단어 – 신체 ····· 255

1

여행 준비 정보

인사 표현

감사와 사과

긍정 및 부정

소개

질문

권유 및 제안

부탁 및 허락

여행 필수 표현

※ 여행을 하면서 기분 좋게 던지는 인사말, 감사의 말과 더불어 사과하고 부탁하는 말 등 반드시 알아야 할 표현들을 모았습니다.
가장 기본이 되면서 동시에 중요한 표현들이니 여행 전에 미리 알아두면 좋겠죠?

알고 갑시다

자신만의 특별한 여행을 꿈꾸는 사람들은 떠나기 직전까지 정보를 수집하고 계획하는 열정을 보인다. 나만의 멋진 여행을 위해 이 정도 마음의 준비는 해야 하지 않을까?

2~3개월 전 여행 계획 짜기

여행 일정 및 루트 계획 세우기
자유여행일 경우 출발 날짜와 항공편 정해서 예약하기
패키지여행일 경우 상품을 비교해 결정하고 신청·요금 내기

1개월 전 서류 준비하기

여권, 비자, 해외여행보험, 국제학생증, 국제운전면허 신청하기
현지 교통 패스 구입 및 호텔 예약

2주일 전 예방접종 및 여행 준비물 체크

예방접종이 필요한 지역은 미리 예방접종하기
말라리아, 콜레라, 고산병 등 풍토병에 대한 사전 지식 습득
해외안전여행홈페이지 www.0404.go.kr 접속, 여행자 등록하기

1주일 전 항공권, 호텔, 패키지 상품 예약 점검

만일의 경우를 대비한 응급전화번호, 홈페이지, 주소 필기해두기
  외교통상부 http://www.mofat.go.kr/
  응급전화 : 국가별 접속번호 +800-2100-0404

| 하루 전 | 여행 가방 싸고 공항까지 교통편 점검 |
| 출발일 | 여권, 비자, 항공권, 호텔 예약 확증 점검 |

출발 2시간 전에 도착할 수 있도록 공항으로 출발하기

여행 예산잡기

해외여행 경비의 기본 항목

❶ 국제항공운임 ❷ 숙박비 ❸ 음식비
❹ 입장료 등 관람비 ❺ 현지 교통비

추가 가능 항목

선택 관광비, 기념품, 선물 비용, 비상금

여행 경비 준비

경비는 현금, 여행자수표traveler's check, 신용 카드credit card로 나뉘는데 안전성을 고려해 여행자 수표와 현금 비율을 7:3 정도로 하는 것이 좋다. 신용 카드는 렌터카 이용, 호텔 체크인 등에 꼭 필요하며 여행자수표는 분실을 당해도 재발행이 가능하므로 안전하다.

알고 갑시다

여권

외국을 여행하는 국민에게 정부가 발급해주는 신분증으로 여권 없이는 대한민국 밖으로 나갈 수 없고, 여행 중에도 항상 지니고 다녀야한다.

여권 발급기관
각 시/도청, 구청, 외무부 여권과 또는 여행사에 신청
5~7일 후 발급

여권의 종류
- 일반복수여권 : 5년, 10년 단위로 기간 만료일까지 사용
  - 수수료 55,000원
- 일반단수여권 : 1회로 이용 제한 - 수수료 15,000원
- 일반거주여권 · 관용여권 · 외교관여권 · 전자여권

준비서류

일반여권 – 여권발급 신청서, 여권용 사진 2매(6개월 이내 촬영 뒷배경 흰색, 반드시 귀가 보이게 촬영), 신분증(주민등록증 또는 운전면허증), 병역관계서류(병역의무자에 한함)

만 18세 미만 – 부모의 여권발급동의서 및 동의인의 인감증명서 (단, 부모가 신청 시에는 면제)

비자

비자는 여행하려는 나라의 정부에서 입국을 허가해주는 문서로, 비자가 필요한 국가들 중에는 방문 목적에 따라 체류기간, 요구하는 구비서류가 다른 경우가 있다.

비자 발급 기관 각 국가 주한 대사관

비자의 종류

단수 비자, 복수 비자, 관광비자, 학생비자, 방문비자, 주재원비자, 경유비자, 이민 비자, ARRIVAL비자, 문화공연 비자, 영주비자, 임시 비자

비자 발급 절차 미국의 경우

비자 인터뷰 신청 – 구비서류 제출 – 지문 채취 – 인터뷰 진행 – 비자 발급(일주일 소요)

구비서류 미국 관광을 목적으로 처음 신청하는 사람의 경우

비자신청서, 최소 6개월 이상 유효한 여권, 사진,
신한은행 인터뷰 영수증, 비자신청 수수료 영수증,
대사관에서 인정하는 택배서비스 신청서,
미국 비자 인터뷰 예약증

미국 비자 면제 프로그램

한국은 2008년 11월 17일 미국 비자 면제 프로그램 가입.
단, 아래 조건 모두 충족해야함.

- 단기 출장 / 관광 목적의 방문
- 유효한 전자여권 소지 (전자여권은 여권 번호가 'M' 또는 'S' + 숫자 8자리로 구성)
- 등록된 항공/선박을 이용하고 왕복 항공권 또는 미국 경유시 최종 목적지 항공권 소지
- 미국 입국일로부터 90일 이내에 출국
- 전자여행허가 승인 : 온라인 신청 https://esta.cbp.dhs.gov

무비자 가능국

3개월	아시아	태국, 싱가폴, 중국, 일본, 뉴질랜드, 말레이시아, 마카오, 홍콩
	미주	미국, 바베이도스, 바하마, 코스타리카, 콜롬비아, 파나마, 도미니카(공), 도미니카(연), 그레나다, 자메이카, 페루, 아이티, 세인트루시아, 세인트키츠네비스, 브라질, 세인트빈센트그레나딘, 트리니다드토바고, 수리남, 안티구아바부다, 니카라과, 엘살바도르, 멕시코, 칠레, 과테말라, 베네수엘라
	유럽	그리스, 오스트리아, 스위스, 리히텐슈타인, 프랑스, 영국, 네덜란드, 벨기에, 룩셈부르크, 독일, 스페인, 핀란드, 스웨덴, 덴마크, 노르웨이, 아일랜드, 아이슬란드, 몰타, 폴란드, 헝가리, 불가리아, 체코, 터키, 슬로바키아, 루마니아, 이탈리아, 에스토니아, 라트비아, 리투아니아
	그 외	라이베리아, 이스라엘, 모로코
30일		튀니지, 대만, 팔라우, 파라과이, 우루과이, 부루나이, 남아프리카 공화국
60일		포르투갈, 레소토
6개월		캐나다
기타		괌(15일), 필리핀(21일), 베트남 (15일), 라오스 (15일), 나우루(14일)

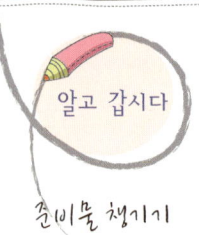

알고 갑시다

준비물 챙기기

여권, 항공권	세부 내용 확인 후 복사본 별도로 보관
예비용 사진	여권 분실 등을 대비해 2~3장 정도 준비
경비	한국 돈, 현지 돈, 신용카드, 여행자 수표
여행자보험증	패키지여행일 경우 별도로 챙기지 않아도 됨
국제학생증	신분 증명, 숙소, 박물관 등의 입장료 할인
국제운전면허	렌터카 이용 시 국내면허증과 함께 보관
유스호스텔회원증	유스호스텔 이용 시 할인 혜택
소형계산기	환율 계산이나 예산 산출에 요긴하게 쓰임
카메라, 필름	필름은 한국에서 구입하는 것이 경제적
옷	속옷, 양말, 티셔츠 2~4벌. 스웨터나 카디건
신발	걷기 편한 운동화. 여름이라면 샌들도 괜찮음
비상약	소화제, 설사약, 감기약, 진통제, 연고, 밴드
비닐봉투(지퍼락)	젖은 옷이나 잡동사니 넣기에 좋음
선물	작은 답례품은 현지인 사귈 때 요긴
침낭	야외 숙박, 장거리 이동시 유용
그 외	필기도구, 수첩, 세면도구, 칫솔, 치약, 타월, 빗, 드라이어, 화장품, 손톱깎이, 수건, 비누, 세제(1회용 포장), 티슈, 손수건, 우산 및 우비, 다용도칼(부치는 짐에), 수저와 젓가락, 알람시계, 손목시계, 숙소에서 신을 슬리퍼.
필요에 따라	노트북, mp3플레이어, 전자사전, USB, 핸드폰

* 지도 및 교통 노선도는 한국에서 미리 준비할 필요 없다.
현지 관광안내소에서 제공하는 정보가 가장 정확하기 때문이다.

영어를 모국어 혹은 공용어로 사용하는 나라들

미국

수도는 워싱턴, 시차는 동부 -13시간, 서부 -16시간. 통화는 U.S. Dollar (1달러=1330원, 2009.04 기준) 48개 주와 알래스카,하와이로 구성된 연방공화국으로, 유럽 백인이 다수를 차지하며, 소수민족은 히스패닉, 아프리카계 미국인, 흑인, 아시아계가 주를 이룬다.

주 미 한국대사관

2450 Massachusetts Avenue N.W. Washington, D.C. 20008
전화번호 : 202-939-5600 Fax 번호 : 202-797-0595

캐나다

수도는 오타와, 시차는 동부 -14시간, 서부 -17시간. 통화는 캐나다달러 (1 Can$ = 1068.93원, 2009.04 기준) 서부에서는 영어를 사용하지만, 퀘벡주를 비롯한 동부는 프랑스어를 주로 사용한다.

주 캐나다 한국대사관

주 소 : Embassy of the Republic of Korea, 150 Boteler St.,
Ottawa Ontario, Canada, K1N 5A6
전화번호 : 613-244-5010- Fax : 613-244-5034

알고 갑시다

영국

수도는 런던. 시차는 -9시간. 통화는 파운드(Pound, £)(1GBP = 1953.71원, 2009.04기준) 미국 영어와 구별되는 영국식 영어는 a를 '아'로, o를 '오' 그대로 발음하거나 t를 고집스럽게 또렷이 발음하는 특징이 있다.

주영국 한국대사관

60 Buckingham Gate, London SWIE 6AJ
전화번호 : 020-7227 5500/2 비상 : 020-7227-5560

오스트레일리아

수도는 캔버라. 시차는 +2시간. 통화는 오스트레일리아달러(1A$ = 944.66원, 2009.04기준) 오지잉글리시가 남아있어 알아듣기 어려운 경우가 있는데, a를 '아이'로 발음하는 것이 대표적이다.

주 호주 한국 대사관

주소 : 113 Empire Circuit, Yarralumla, ACT 2600,Australia
전화 번호 : 61-2-6270-4100

필리핀

수도는 마닐라. 시차는 -1시간. 통화는 페소(1P = 27.88원, 2009.04기준) 공용어는 타갈로그어와 영어이며 약 7,000여 개의

섬으로 이루어진 군도 국가이다.
회교 반군의 분리주의 운동과 각종 테러로 여행자제지역으로 지정되기도 하니, 외교통상부를 통해 정보를 확인해야 한다.

주 필리핀 한국 대사관

10th Fl. Pacific Star Bldg., Makati Ave., 1226 Makati City, M.M. Philippines.
Tel : 811-6139 / Fax : 811-6148

인도

수도는 뉴델리, 시차는 -3시간 30분, 통화는 루피Rupee (1Re=26.57원,2009.04기준) 공용어는 힌디어와 영어이다.
인도는 힌두교와 카스트제도가 여전히 사회를 지배하고 있으며, 해마다 테러사건이 끊이질 않아 사전에 동향을 살펴야한다. 여행제한지역인 동북부 Nagaland, Manipur, Mizoram 3개주는 사전 내무부 허가를 얻어야 한다.

주인도 한국대사관

9 Chandragupta Marg, Chanakyapuri Extension, New Delhi - 110021, INDIA
전화번호 : (+91-11) 4200-7000 팩스 (+91-11) 2688-4840

1 인사표현

- **안녕하세요.**
  하이 / 헬로우
  Hi. / Hello.

- **안녕하세요. (아침 / 점심 / 저녁)**
  굿 모닝 / 애프터눈 / 이브닝
  Good morning / afternoon / evening.

- **처음 뵙겠습니다.**
  하우 두유두
  How do you do?

- **어떻게 지내세요?**
  하우 아 유
  How are you?

- **저는 잘 지내요.**
  아임 파인 땡큐
  I'm fine, thank you.

- **만나서 반갑습니다.**
  나이스 투 밋츄
  Nice to meet you.

- 또 만나요.
  씨 유 어게인
  See you again.

- 안녕히 가세요.
  굿 바이
  Good bye.

- 즐거운 하루 (여행) 되세요.
  해버 나이스 데이 / 트립
  Have a nice day / trip.

- 행운을 빌어요.
  굿 럭
  Good luck!

- 몸 조심하세요. (헤어질 때)
  테익 케얼
  Take care.

- 잘자요.
  굿 나잇
  Good night.

2 감사와 사과

- 고맙습니다.
    땡큐
    Thank you.

- 친절히 대해 주셔서 감사합니다.
    땡큐 포 유어 카인드니스
    Thank you for your kindness.

- 감사합니다.
    아이 어프리쉬에이릿
    I appreciate it.

- (제 기쁨인걸요.) 천만에요.
    잇츠 마이 플레져
    It's my pleasure.

- 별 말씀을요.
    유어 웰컴
    You're welcome.

- 실례합니다.
    익스큐즈 미
    Excuse me.

- 죄송합니다.
    아임 쏘리
    I'm sorry.

- 괜찮습니다.
    네버 마인드
    Never mind.

- 사과드립니다.
    아이 어팔러자이즈
    I apologize.

- 신경쓰지 마십시오.
    노 프라블럼
    No problem.

- 걱정하지 마세요.
    돈 워리 어바우릿
    Don't worry about it.

- 괜찮습니다.
    뎃츠 올 롸이트 / 오케이
    That's all right. / Okay.

3 긍정 및 부정

■ 예. / 아니오.
   예스 / 노우
   Yes. / No.

■ 좋은 생각입니다.
   댓츠 어 굿 아이디어
   That's a good idea.

■ 저도 그렇게 생각해요.
   아이 띵 쏘우
   I think so.

■ 저는 그렇게 생각하지 않는데요.
   아이 돈 띵 쏘우
   I don't think so.

■ 맞습니다.
   댓츠 롸잇
   That's right.

■ 아니오, 괜찮아요.
   노우 땡큐
   No, thank you.

■ 모르겠습니다.
　　아이 돈 노우
　I don't know.

■ 모르겠는걸요.
　　아이 해브 노 아이디어
　I have no idea.

■ (아하!) 알겠어요.
　　아이 씨
　I see.

■ 알겠어요. (이해했어요.)
　　아이 언더스텐드
　I understand.

■ 알았습니다. (이해했어요.)
　　아이 가릿
　I got it.

■ (글쎄요.) 잘 모르겠어요.
　　아임 낫 슈어
　I'm not sure.

4 소개

- 성함이 어떻게 되세요?
  왓츠 유어 네임
  What's your name?

- 제 이름은 박지은입니다.
  마이 네임 이즈 지은 박
  My name is Ji-Eun Park.

- 제 소개를 하겠습니다.
  플리즈 렛 미 인트러듀스 마이셀프
  Please let me introduce myself.

- 팀을 소개하겠습니다.
  아이드 라익 투 인트러듀스 팀
  I'd like to introduce Tim.

- 이 분은 롤라입니다.
  디스 이즈 롤라
  This is Lola.

- 어디에서 오셨어요?
  웨어 아 유 프럼
  Where are you from?

■ 저는 한국, 서울에서 왔습니다.
　　아임 프럼 서울 코리아
　I'm from Seoul, Korea.

■ 언제 떠나십니까?
　　웬 아 유 리빙
　When are you leaving?

■ 어디에 사세요?
　　웨어 두 유 리브
　Where do you live?

■ 무슨 일을 하십니까?
　　왓 두 유 두
　What do you do?

■ 제 명함입니다.
　　디스 이즈 마이 비즈니스 카아드
　This is my business card.

■ 좋은 친구가 되었으면 해요.
　　아이 홉 위일비 굿 프렌즈
　I hope we'll be good friends.

5 질문

- 언제 시작합니까?
  웬 두 유 스타트
  When do you start?

- 화장실은 어디에 있나요?
  웨어 이즈더 레스트룸
  Where is the rest room?

- 여기가 어디입니까?
  웨어 엠 아이
  Where am I?

- 몇 시입니까?
  왓 타임 이즈 잇
  What time is it?

- 오늘은 며칠이에요?
  왓츠 더 데잇 투데이
  What's the date today?

- 오늘 날씨가 어떻습니까?
  하우즈 더 웨더 투데이
  How's the weather today?

■ 몇 분이십니까?
    하우 매니 아 데어
    How many are there?

■ 이 단어는 어떻게 발음하죠?
    하우 두 유 프러나운스 디스 워드
    How do you pronounce this word?

■ 왜 늦었어요?
    와이 아유 래잇
    Why are you late?

■ 왜 그렇게 생각합니까?
    와이 두 유 띵 쏘우
    Why do you think so?

■ 어느 버스가 시내로 가요?
    위치 버스 고우즈 다운타운
    Which bus goes downtown?

■ 만져봐도 될까요?
    메이 아이 터치 디스
    May I touch this?

6 권유 및 제안

- 갑시다.
    렛츠 고우
    Let's go.

- 각자 계산합시다.
    렛츠 고우 더치
    Let's go Dutch.

- 같이 춤을 추어요.
    렛츠 댄스 투게더
    Let's dance together.

- 그곳에 가지 않을래요?
    와이 돈위 고우 데어
    Why don't we go there?

- 쇼핑 어때요?
    하우 어바웃 고잉 샤핑
    How about going shopping?

- 식사하러 가시겠어요?
    윌 유 고우 아웃 포 디너
    Will you go out for dinner?

■ 박물관에 가는 것이 낫겠어요.
  유드 베러 고우 투 더 뮤지엄
  You'd better go to the museum.

■ 스테이크를 권해드리고 싶군요.
  아이 써제스츄 트라이 더 스테이크
  I suggest you try the steak.

■ 제가 같이 가겠습니다.
  아일 고우 위드 유
  I'll go with you.

■ 예약을 하고 싶습니다.
  아이드 라익 투 메익커 레저베이션
  I'd like to make a reservation.

■ 동물원에 가고 싶습니다.
  아이드 라익 투 고우 투 더 주우
  I'd like to go to the zoo.

■ 테니스를 하고 싶어요.
  아이 워너 플레이 테니스
  I want to play tennis.

7 부탁 및 허락

- 부탁 좀 해도 될까요?
  우쥬 두 미 어 페이버
  Would you do me a favor?

- 여기서 담배를 피워도 됩니까?
  우쥬 마인드 이프 아이 스목키얼
  Would you mind if I smoke here?

- 어떻게 하면 그곳에 갈 수 있죠?
  캔 유 텔 미 하우 투 겟 데어
  Can you tell me how to get there?

- 들어가도 됩니까?
  메 아이 컴 인
  May I come in?

- 제게 편지 해 주세요.
  플리즈 라이러 레러 투 미
  Please write a letter to me.

- 도와주시겠어요?
  우쥬 헬미
  Would you help me?

■ 여쭤봐도 될까요?
   캐나이 에스큐 썸씽
   Can I ask you something?

■ 가져가도 될까요?
   캐나이 테익 디스
   Can I take this?

■ 방 좀 볼게요.
   캐나이 씨더 룸
   Can I see the room?

■ 여기 앉아도 될까요?
   캐나이 씻 히어
   Can I sit here?

■ 지나가도 될까요?
   캐나이 겟 쓰루
   Can I get through?

2

출국 및 기내 정보
기내 필수 표현
자리 찾기
좌석 이용
음료 요청
기내식
기타 서비스
기내 트러블
입국 신고서 작성
기내 쇼핑
기내 주요 단어

기내에서

※ 드디어 출발합니다.
두근거리는 마음과 약간의 긴장이 여행을 더욱 설레이게 하는데요. 여기서는 제일 먼저 영어를 쓰게 될 기내 표현을 알려드립니다.

출국 수속

공항에 도착하면 3층 운항 정보 안내 모니터에서 항공사를 확인한 후 해당 탑승 수속 카운터로 이동.
탑승 수속을 받는다.

1. 항공사 카운터에서 탑승 수속 (좌석 배정, 창가, 복도 자리 선택 가능/수하물 보내기)
2. 해당자는 병무/ 검역 신고(여행자 예방접종 및 동물 검역)
3. 출입국신고서 작성
4. 세관신고 (미화 1만불 초과하는 여행경비 휴대 반출 시)
5. 보안검색 (기내 반입 금지 물품 확인-무기류, 유독성, 인화성 물질/액체, 분무, 겔류-지퍼락보관)
6. 출국심사 – 여권, 탑승권, 출국신고서 제출하기
7. 면세점 쇼핑
8. 탑승권에 적힌 게이트로 이동 항공기 탑승

항공스케줄 변동 및 취소 시 대처법

얼마나 지연되는지 체크한 후 여행지로 연락하여 호텔, 식당, 렌터카 등 예약에 문제가 생기지 않도록 조치한다. 지연과 결항 NO OPERATION의 경우, 다른 항공으로 안내 ENDORSEMENT 받게 되
면 기다리는 시간에 따라 음료와 식사를 보상 받을 수 있다.

2시간 지연
음료수, 식사 등 제공

당일 운항이 불가능할 경우
호텔, 교통편, 식사, 음료수 등 제공. 경우에 따라 상기의 보상 외 현금이나 당 항공사 재이용 시 이용할 수 있는 일정 금액의 쿠폰 보상으로 제공

이것만큼은 반드시!
- 모르는 사람이 수화물을 부탁할 때, 냉정하게 거절하기!
- 부탁받은 가방에서 마약이 발견될 경우, 외국 수사 당국은 무조건 마약 운반으로 간주하고 처벌한다.

기내 필수 표현

_____ 은 어디에 있나요?

웨어-ㄹ 이즈 (더) _____
Where is (the) _____?

자리 씻 seat	기내화장실 레버토리 lavatory	신문 뉴스페이퍼 newspaper
잡지 져널 journal	짐 배기지 baggage	헤드폰 헤드셋 headset
담요 블랭킷 blanket	슬리퍼 슬리퍼 slipper	안대 아이 밴디지 eye bandage

_____ 을 주세요.

_____ 플리즈
_____, please.

□ 물 **워러**  water	□ 커피 **커피**  coffee	□ 쥬스 **쥬스**  juice
□ 우유 **미일크**  milk	□ 콜라 **코크**  Coke	□ 사이다 **스프라이트**  Sprite
□ 맥주 **비어**  beer	□ 와인 **와인**  wine	□ 차 **티**  tea

1 자리 찾기

- 자리를 찾고 있어요.
  아임 루킹 풔 마이 씻
  I'm looking for my seat.

- 손님 좌석은 앞쪽입니다.
  유어 씨리즈 인 더 프런트
  Your seat is in the front.

- 지나가도 될까요?
  캐나이 패스
  Can I pass?

- 자리를 바꿔도 될까요?
  메이 아이 체인지 마이씻
  May I change my seat?

- 창가 자리로 옮겨도 될까요?
  메이 아이 뭅투 어 윈도우씻
  May I move to a window seat?

- 죄송한데, 제 자리인 것 같아요.
  익스큐즈미 디스이즈 마이씻 아이띵크
  Excuse me. This is my seat, I think.

2 좌석 이용

■ 여기요. (승무원을 부를 때)
  익스 큐즈 미
  Excuse me.

■ 의자를 뒤로 젖혀도 될까요?
  메이 아이 풋 마이 씻 백
  May I put my seat back?

■ 의자를 조금 세워주실래요?
  우쥬 마인드 푸딩 유어씻 업롸잇
  Would you mind putting your seat upright?

■ 안전벨트를 매 주십시오.
  플리즈 패슨 유어 씻벨트
  Please fasten your seatbelt.

■ 이 안전벨트는 어떻게 매나요?
  플리즈 쇼미 하우투 패슨 디스벨트
  Please show me how to fasten this belt.

3 음료 요청

- 어떤 음료수가 있나요?

  왓 두 유 해브

  What do you have?

- 커피 주세요.

  커피 플리즈

  Coffee, please.

- 한 잔 더 주시겠어요?

  캐나이 햅 어나더원

  Can I have another one?

- 우유를 좀 더 드릴까요?

  우쥬 라익 썸 모어 밀크

  Would you like some more milk?

- 맥주 한 캔 주세요.

  어 캔 업 비어 플리즈

  A can of beer, please.

4 기내식

■ 지금 식사해도 될까요?
　　캐나이 햅 마이밀 나우
　Can I have my meal now?

■ 나중에 먹어도 될까요?
　　메이 아이 해빗 레이러
　May I have it later?

■ 소고기와 닭고기 중에 어느 것으로 드릴까요?
　　우쥬 라익 비프 오어 치킨?
　Would you like beef or chicken?

■ 소고기로 주세요.
　　비프 플리즈
　Beef, please.

■ 식사 다 하셨습니까?
　　해뷰 피니쉬드
　Have you finished?

■ 아니오, 아직이요. / 네, 잘 먹었어요.
　　낫 옛 / 예스 아이 인조이딧
　Not yet. / Yes, I enjoyed it.

5 기타 서비스

■ 모포 한 장 주시겠습니까?
　　메이 아이 해버 블랭킷
　May I have a blanket?

■ 베개 좀 주시겠어요?
　　캐나이 해버 필로우
　Can I have a pillow?

■ 예, 잠시만 기다려 주세요.
　　슈어 져스터 모오먼 플리즈
　Sure. Just a moment, please.

■ 뭐 좀 물어봐도 될까요?
　　메이 아이 애슥 썸띵
　May I ask something?

■ 언제쯤 도착하나?
　　웬 윌 위 어라이브
　When will we arrive?

■ 비행시간이 얼마나 됩니까?
　　하우 롱 이즈 더플라잉 타임
　How long is the flying time?

■ 읽을 것 좀 주시겠어요?
캐나이 햅 썸띵 투리드

Can I have something to read?

■ 이것은 유료입니까?
이즈 데어 애니 챠아지 포 디스

Is there any charge for this?

■ 에어컨은 어떻게 조절하나요?
하우 두아이 어드져슷 디 에어 컨디셔너

How do I adjust the airconditioner?

■ 이어폰이 고장났어요.
디스 이어폰 이즈 브로큰

This earphone is broken.

6 기내 트러블

■ 몸이 좀 불편해요.
   아이 필 씩
   I feel sick.

■ 배가 아파요.
   아이 해버 스토먹에익
   I have a stomachache.

■ 멀미가 나요.
   아이 필 에어씩
   I feel airsick.

■ 열이 나요.
   아이 해버 피버
   I have a fever.

■ 숨쉬기가 곤란해요.
   아임 해빙 트러블 브리딩
   I'm having trouble breathing.

■ 약을 가져다 드릴까요?
   두유 닛 썸 메디슨
   Do you need some medicine?

■ 약 좀 주세요.
플리즈 깁미 썸 필즈
Please give me some pills.

■ 약 먹을 물 좀 주세요.
썸 워러 포 마이 메디슨 플리즈
Some water for my medicine, please.

■ 위생봉투 있나요?
두 유 해번 에어씨크니스백
Do you have an airsickness bag?

■ 불 좀 꺼주실래요?
우쥬 마인 터닝 더 라잇 오프
Would you mind turning the light off?

■ 조용히 해주세요.
플리즈 비 콰이어트
Please be quiet.

7 입국신고서 작성

- 이 서류를 작성해 주십시오.
  플리즈 피라웃 디스 폼
  Please fill out this form.

- 이 서류를 어떻게 작성하면 되요?
  캔 유 텔 미 하우 투 피라웃 디스 폼
  Can you tell me how to fill out this form?

- 볼펜 좀 빌려주실래요?
  캐나이 바러우 어 팬
  Can I borrow a pen?

- 작성한 것 좀 봐 주시겠어요?
  윌유 체킷
  Will you check it?

- 이렇게 하면 되나요?
  이즈 잇 오케이
  Is it OKay?

- 카드 한 장 더 주시겠어요?
  메이 아이 해버나더 카아드
  May I have another card?

8 기내 쇼핑

- **지금 면세품 살 수 있죠?**
  캐나이 바이 썸 듀티프리 아이템즈 나우
  Can I buy some duty free items now?

- **얼마나 할인됐나요?**
  하우 머치 이짓 디스카운티드
  How much is it discounted?

- **이 제품 좀 보여주세요**
  캐나이씨 디스 원
  Can I see this one?

- **카드로 계산할 수 있죠?**
  두유 억쎕 크래딧 카즈
  Do you accept credit cards?

- **원화로 계산할 수 있나요?**
  캐나이 페인 코리안 원
  Can I pay in Korean won?

- **이걸로 주세요**
  아이 우드라익투 햅 디쓰
  I would like to have this.

기내 주요 단어

기내

좌석	씻	seat
안전벨트	씻벨트	seatbelt
창가쪽	윈도우씻	window seat
통로쪽	아일씻	aisle seat
기내 선반	오버햇컴파트먼트	overhead compartment
비상출구	이머전시 엑싯	emergency exit
화장실	레버터리	lavatory
사용중	어큐파이드	occupied
비었음	베이컨트	vacant
독서등	리딩 램프	reading lamp
식사테이블	트레이 테이블	tray table
호출버튼	콜 버튼	call button
기장	캡틴	captain
승무원	플라잇 어텐던트	flight attendant
기내식	인플라잇밀	in-flight meal
무료의	컴플리멘터리	complimentary
구명조끼	라이프 베스트	life vest

입국신고서

입국신고서	이미그레이션카드	immigration card
성	패밀리네임	family name
이름	퍼스트 기븐 네임	first (given) name
생년월일	버쓰 데이트	date of birth
국적	컨츄리업씨티즌십	country of citizenship
성별	메일오어피메일	sex(Male or Female)
여권번호	패스폿넘버	passport number
항공편 번호	에어라인앤플라잇넘버	airline and flight Number
현재거주국가	컨츄리웨어유리브	country where you live
출발도시	시티웨어유보디드	city where you boarded
비자발급도시	시티웨어비자워즈이슈드	city where visa was issuded
발급날짜	데잇 이슈드	date issued
주소	어드레스	address
미국	더유나이티드스테잇츠	the United States

3

입국 정보
공항 필수 표현
경유 및 환승
입국 심사
짐 찾기
세관 검사
환전
공항 안내소
공항 주요 단어

공항에서

드디어 꿈꾸던 여행지에 도착했어요. 흥분되는 마음에 무작정 뛰쳐나갈 수는 없는 거 아시죠? 입국심사와 세관검사 등 몇 가지 심사를 통과해야 하는데요. 생각만큼 어렵지 않으니까 겁먹지 마시구요. 이 때 어떤 말을 써야 하는지 차근히 확인해 볼까요?

입국 절차

도착 전 기내 서류 작성 → 게이트 → 입국심사 → 수하물 수취 → 세관검사 → 도착 로비 입국심사

입국심사

여러 개의 입국심사대 중에서 외국인이라고 표시되어 있는 입국심사대로 간다. 입국카드와 비자가 든 여권을 제시하면 비자 체크 후, 출국카드를 여권에 붙여준다. 이때 출국카드는 출국 때까지 잃어버리지 않도록 한다.

짐 찾기

입국심사를 마치고 짐 찾는 곳으로 가서 자신이 타고 온 비행기의 편명이 적힌 턴테이블에서 기다리면 수화물이 나온다. 이때 여행 가방이 비슷한 경우 바뀔 염려가 있으니 미리 자신의 짐임을 확인할 수 있는 표시를 해두는 것이 좋다.

세관

짐을 다 찾으면 세관 카운터에 가서 직원에게 짐과 여권, 비행기에서 작성해 두었던 세관신고서를 보여준다. 일반관광객이면 검사 없이 그대로 통과하는 경우가 많다. 이곳에서 주로 질문하는 것은 신고할 것이 있는가와 식료품을 가지고 있는가 등이다.

입국신고서 작성 예시

U.S. Department of Justice
Immigration and Naturalization Service

OMB 1115-007

Admission Number

미국방문을 환영합니다.

018955018 10

I-94 본 서식 작성 요령

미국시민권자, 영주권 소유 외국인, 시민미자 소지자, 캐나다 시민권자를 제외한 모든 방문객은 이 양식을 기입하여 주십시오.
타자 또는 경우로 필기용에 전부 대문자로 쓰십시오. 연필을 사용 마십시오. 이 양식의 뒷면은 쓰지 마십시오.
이 양식은 이부로 나누어져 있습니다. 도착기록(항목 1부터 13까지)과 출발기록(항목 14부터 17까지)양쪽을 전부 기입해 주십시오.
이 양식을 다 기입하신후 이 양식을 미국 이민국 검사관에게 제출 바십시오.
항목 7: 후로 도 미국에 입항하면, LAND으로 이 공란에 기입하십시오. 선박편으로 미국에 입항할 때는 SEA으로 이 공란에 기입하십시오.

Form I-94 (05-09-90)N

Admission Number

영문 대문자로 기재하십시오
(WRITE IN ENGLISH ONLY)

018955018 10

Immigration and
Naturalization Service
I-94
Arrival Record (도착기록)

```
1. 성(姓)
see
2. 이름
n talk                    [1] 생일(일/월/년)
3. 국적                     2 0 0 9 6 0
KOREA                     6. 성별(남, 여)
4. 여권번호                  MALE
BS123456                  8. 항공사 및 항공편명
5. 현 거주국                  KE017
KOREA                     9. 탑승한 장소(도시명)
10. 비자를 발행한 장소(도시명)   SEOUL
SEOUL                     [1] 발행날짜(일/월/년)
[2] 미국의 체류기간 중 주소(번지/거리)  24 11 01
1813 WILSHIRE BOULEVARD
15. 시 및 주
LOS ANGELES, CA90057
```

Departure Number

018955018 10

Immigration and
Naturalization Service
I-94
Departure Record (출발기록)

```
14. 성(姓)
see
15. 이름
n talk                    [1] 생일(일/월/년)
17. 국적                     2 0 0 9 6 0
korea
```

정확을 보시오.
KOREAN
KOREAN AIR   STAPLE HERE

공항 필수 표현

_____ 은 몇시인가요?

웬 이즈 (더) _____?
When is (the) _____ time?

- 출발 / 디파쳐 / departure
- 이륙 / 테이크어프 / takeoff
- 탑승 / 보딩 / boarding
- 도착 / 어라이벌 / arrival
- 발권 / 티켓팅 / ticketing
- 체크인 / 체크인 / check-in
- 체크아웃 / 체크 아웃 / check-out
- 오프닝 / 오프닝 / opening
- 클로징 / 클로징 / closing

이것은 _____예요.

디스 이즈 어 _____.
This is a _____.

□ 선물 기프트 gift	□ 여권 패스포트 passport	□ 비자 비자 visa
□ 사진 포토 photo	□ 카메라 카메라 camera	□ 티켓 티켓 ticket
□ 일용품 퍼스널 빌로잉 personal belonging	□ 이름표 네임 텍 name tag	□ 신고서 디클레이션폼 declaration form

1 경유 및 환승

■ 저는 여기서 갈아타야 해요.
　　아이 햅투 트랜스퍼 히어
　I have to transfer here.

■ 이 비행기를 타야 합니다.
　　아이 햅투 테익 디스 플라잇
　I have to take this flight.

■ 갈아타는 곳이 어디예요?
　　웨얼즈 더 트랜짓 카운터
　Where's the transit counter?

■ 몇 번 출구로 가야 하나요?
　　위치 게잇 슈라이 고우 투
　Which gate should I go to?

■ 탑승은 몇 시부터인가요?
　　왓 타임 이즈 더보딩
　What time is the boarding?

2 입국 심사

- 여권을 보여 주십시오.
  유어 패스폿 플리즈
  Your passport, please.

- 여기 있습니다.
  히어 유 아
  Here you are.

- 방문 목적이 무엇입니까?
  왓츠 더 퍼포저브 유어비짓
  What's the purpose of your visit?

- 관광입니다.
  싸잇씨잉
  Sightseeing.

- 출장 왔습니다.
  암 온 비지니스
  I'm on business.

- 휴가 왔습니다.
  암 히얼 온 베이케이션
  I'm here on vacation.

3 입국 심사

■ 여기에서 얼마나 머무르실 겁니까?
  하우 롱 아 유 스테잉 히어
  How long are you staying here?

■ 10일이요.
  텐 데이즈
  10 days.

■ 어디에서 머무르실 예정입니까?
  웨어 아 유 스테잉
  Where are you staying?

■ 라마다 호텔이요.
  엣 더 라마다 호텔
  At the Ramada Hotel.

■ 아직 정하지 못했습니다.
  아이 해븐 디사이딧 옛
  I haven't decided yet.

4 짐 찾기

■ 짐은 어디에서 찾습니까?
  웨어 캐나이 겟 마이 배기지
  Where can I get my baggage?

■ 어느 비행기로 오셨습니까?
  언 왓플라잇 디쥬 어라이브
  On what flight did you arrive?

■ 노스웨스트 011 기로 왔는데요.
  노스웨스트 지로원원
  Northwest 011.

■ 짐을 잃어버렸어요.
  마이 배기지 이즈 미씽
  My baggage is missing.

■ 가방이 망가졌어요.
  마이 쑤웃케이스 이즈 브로큰
  My suitcase is broken.

■ 수하물계에 신고하세요.
  에슥 앳 배기지 써비스
  Ask at baggage service.

5 세관 검사

■ 세관신고서를 보여주십시오.
   커스텀즈 데클러래이션 카아드 플리즈
   Customs declaration card, please.

■ 신고할 것이 있습니까?
   두유 햅 애니띵 투 디클래어
   Do you have anything to declare?

■ 없습니다.
   노우 나띵
   No, nothing.

■ 짐은 이것이 전부입니까?
   이즈 디스 올 유 해브
   Is this all you have?

■ 이 가방을 열어 주시겠습니까?
   우쥬 오픈 디스백
   Would you open this bag?

■ 그러죠.
   썰튼리
   Certainly.

■ 이것은 무엇입니까?
　왓츠 디스
　What's this?

■ 이것은 가족에게 줄 선물이에요.
　디즈 아 기프츠 포 마이 패밀리
　These are gifts for my family.

■ 그것은 제가 쓸 물건인데요.
　이츠 포 마이 퍼스널유스
　It's for my personal use.

■ 저것은 가지고 갈 수 없습니다.
　유어 낫 얼라웃 투 브링댓
　You're not allowed to bring that.

6 환전

- 은행은 어디에 있나요?
  웨어즈 더 뱅크
  Where's the bank?

- 이 수표를 현금으로 바꿔 주세요.
  익스체인지 디스 첵 포 캐쉬 플리즈
  Exchange this check for cash, please.

- 이 돈을 미국달러로 바꿔 주세요.
  플리즈 체인지 디스 투 유에스달러즈
  Please change this to U.S. dollars.

- 어떻게 바꿔 드릴까요?
  하우 두유 라익 유어머니
  How do you like your money?

- 모두 10달러짜리로 주세요.
  올 텐즈 플리즈
  All tens, please.

- 돈 여기 있습니다.
  히어즈 유어 머니
  Here's your money.

■ 환율이 어떻게 됩니까?
　　왓츠 더 익스체인지 레잇
　What's the exchange rate?

■ 여행자수표를 현금화하려고 하는데요.
　　아이드 라익 투 캐쉬 디스 트레블러스첵
　I'd like to cash this traveler's check.

■ 알겠습니다. 사인해 주세요.
　　라잇 싸인 유어 네임 히얼 플리즈
　Right. Sign your name here, please.

■ 현금으로 얼마나 바꿔 드릴까요?
　　하우머치 두 유 워너 캐쉬
　How much do you want to cash?

■ 200달러 바꿔 주세요.
　　투헌드레드 달러스
　200 dollars.

■ 신분증을 보여 주시겠습니까?
　　우쥬 쇼우 미 유어 아이디 카아드
　Would you show me your ID card?

7 공항 안내소

■ 시내로 가는 버스를 타는 곳이 어디입니까?
   웨어 캐나이 테이커 버스 다운타운
   Where can I take a bus downtown?

■ 택시를 타는 곳이 어디인가요?
   웨어즈 더 택시스탠드
   Where's the taxi stand?

■ 지하철 노선도를 얻을 수 있을까요?
   메이 아이 해버 서브웨이맵
   May I have a subway map?

■ 호텔 리스트 한 장 주세요.
   어리스텁 호텔즈 플리즈
   A list of hotels, please.

■ 값싼 호텔 한 군데 추천해 주시겠어요?
   캔 유 레코멘더 칩 호텔
   Can you recommend a cheap hotel?

■ 여기서 호텔을 예약할 수 있습니까?
   캐나이 리저버 호텔룸 히어
   Can I reserve a hotel room here?

- 예약 좀 해 주시겠습니까?
    캔 유 메이커 레저베이션 풔 미
    Can you make a reservation for me?

- 유스호스텔까지 어떻게 가면 되죠?
    하우 캐나이 겟 투 더 유스호스텔
    How can I get to the youth hostel?

- 약도를 그려 주시겠어요?
    쿠쥬 드로미 어 맵
    Could you draw me a map?

- 택시를 불러 주세요.
    플리즈 코러 택시 포미
    Please call a taxi for me.

공항 주요 단어

입국 심사

입국 심사	패스폿컨트롤	passport control
입국카드	엔트리카드	entry card
여권	패스폿	passport
방문목적	퍼포즈오비짓	purpose of visit
관광	싸잇씽	sightseeing
여행	트래블	travel
업무	비지니스	business
유학	스터디 어브로드	study abroad
회사원	오피스워커	office worker
학생	스튜던트	student

공항

출발입구	디파쳐게잇	departure gate
도착입구	어라이벌게잇	arrival gate
탑승구	보딩게잇	boarding gate
짐꾼	포터	porter
카트	베기지카트	baggage cart
환전소	커런씨익스체인지부스	currency exchange booth
관광안내소	인포메이션선데스크	information desk
여행안내소	트래블뷰어류	travel bureau

교통

리무진버스	리무진	limousine
셔틀버스	셔틀	shuttle bus
버스	버스	bus
지하철	서브웨이(미)	subway
지하철	언더그라운드(영)	underground
지하철	튜브(영)	tube
지하철	매트로(영)	metro
정류소	버스탑	bus stop
지하철역	스테이션	station
승강장	플랫폼	platform
표	티켓	ticket

4

교통 정보

교통 필수 표현

택시

버스

지하철

열차

렌터카

렌터카 서비스

교통 주요 단어

교통 이용

본격적인 여행이 시작되었습니다. 느긋하게 도보여행하기로 마음 먹지 않은 이상, 하나라도 더 보기위해 촌각을 다투는 여행자라면 교통수단을 적절히 이용하게 마련이죠.
이 때 어떠한 말들을 써야 하는지 알아볼까요?

알고 갑시다

대중교통의 경우 각 나라별로 티켓 종류가 다양하니 정보를 숙지한 후 본인에 맞게 이용하도록 하자. 몇몇 나라의 경우에 정액권을 이용할 때 첫 탑승 시 펀칭을 해야 승차 개시가 인정됨을 명심해야 한다. 간혹 외국인만 골라 티켓 검사를 하는데, 티켓이 있더라도 펀칭이 되어있지 않으면 벌금을 물어야한다.

버스

공항안내소에서 시내로 이동하는 버스 노선표를 받아 루트를 확인하고 타면 된다.

공항리무진

공항에서 시내 주요 지점까지 연결해주는 버스.

지하철

교통 체증에 노심초사할 일 없고, 정차하는 역을 확실히 알 수 있어 혼자 여행하는 사람에게 가장 편리한 교통수단이다.

트램

한국에서는 찾아볼 수 없지만, 유럽 전 지역과 러시아 및 중앙아시아에서 쉽게 만날 수 있는 교통수단으로 도로 위 레일을 달리는 전차이다. 미국과 호주, 홍콩에는 관광 상품으로 남아있다.

택시

편한 서비스를 원하는 사람이라면 택시를 이용하는 것이 좋다. 지정된 택시 승차장에서 탑승해야하며 10~15%의 팁을 주는 것이 관례이다.

시외버스

장거리 이동을 할 경우 건강상태를 체크하는 것이 중요하며, 침대칸 등을 적절히 활용하자. 미국의 경우 전역을 연결하는 버스인 그레이하운드가 있고 아메리패스 Ameripass를 이용하면 편리하고 저렴하게 이용할 수 있다.

기차

계획대로 움직이려면 인터넷 혹은 기차역에서 직접 예약을 해두는 것이 좋다. 유럽여행의 필수품으로 여겨지는 유레일패스의 경우 자국에서만 구입이 가능하며, 좌석 지정을 위해 예약 수수료를 지불해야하고, 통용되지 않는 국가도 있다.

렌터카

최소 만 21세가 넘은 경우에 대여가 가능하며 국제면허증 · 신용카드가 있어야 한다. 렌터카를 운전할 시 국제면허증뿐만 아니라 자신의 운전면허증과 여권을 함께 소지해야 불이익을 받지 않는다. 가능하면 여분의 열쇠를 받아 따로 보관해두고 주유 정보를 미리 숙지하고 있어야한다.

교통 필수 표현

_____ 타는 곳이 어디예요?

웨얼 캐나이 겟 어(언) _____?
Where can I get (a/an) _____?

택시 **택시** taxi	버스 **버스** bus	리무진 **리무진** limousine
지하철 **서브웨이** subway	열차 **트레인** train	렌터카 **렌터카** rental car
엘리베이터 **엘리베이러** elevator	에스컬레이터 **에스컬레이러** escalator	자전거 **바이씨클** bicycle

_____로 가주세요.

_____ 플리즈.
_____, please.

- 호텔
  호텔
  hotel

- 지하철역
  섭웨이스테이션
  subway station

- 터미널
  터미널
  terminal

- 대사관
  엠버시
  embassy

- 게스트하우스
  게스트하우스
  guesthouse

- 식당
  레스터란트
  restaurant

- 극장
  씨어터
  theater

- 광장
  스퀘어
  square

- 이 주소
  디스 어드레스
  this address

1 택시

■ 어디로 모실까요, 손님?
　웨어 투 써
　Where to, sir?

■ 라마다 호텔로 가 주세요.
　투 더 라마다호텔 플리즈
　To the Ramada Hotel, please.

■ 이 주소로 가 주세요.
　투 디스 애드레스 플리즈
　To this address, please.

■ 똑바로 가 주세요.
　고우 스트레잇 플리즈
　Go straight , please.

■ 다음 모퉁이에서 돌아 주세요.
　턴 엣 더 넥스 코너
　Turn at the next corner.

■ 빨리 갑시다.
　허리업 플리즈
　Hurry up, please.

■ 손님, 다 왔습니다.
　　히어 위아
　Here we are.

■ 여기서 세워 주세요.
　　스탑 히어 플리즈
　Stop here, please.

■ 여기서 기다려 주시겠어요?
　　우쥬 웨잇 포 미 히어
　Would you wait for me here?

■ 요금이 얼마죠?
　　왓츠 더 페어
　What's the fare?

■ 요금이 많이 나오지 않았나요?
　　안츄 오버 챠아징 미
　Aren't you overcharging me?

■ 잔돈은 가지세요.
　　플리즈 킵 더 체인지
　Please keep the change.

2 버스

■ 버스정류장이 어디입니까?
  웨어즈 더 버스탑
  Where's the bus stop?

■ 저쪽입니다.
  이츠 오우버 데어
  It's over there.

■ 시내로 가려면 어떻게 해야 하나요?
  하우 캐나이 겟 다운타운
  How can I get downtown?

■ 라마다 호텔로 가는 버스가 어떤 것이죠?
  위치버스 고우즈 투 더 라마다호텔
  Which bus goes to the Ramada Hotel?

■ 이 버스가 시내로 갑니까?
  더즈 디스버스 고우 다운타운
  Does this bus go downtown?

■ 버스표는 어디에서 사지요?
  웨어 캐나이 게러 티켓
  Where can I get a ticket?

■ 요금이 얼마입니까?
  하우머취 이즈 더 패어
  How much is the fare?

■ 도착하면 알려 주세요
  플리즈 텔미 웬 위 겟 데어
  Please tell me when we get there.

■ 어느 버스가 센트럴역에 갑니까?
  위치버스 고우즈 투 쎈트럴스테이션
  Which bus goes to Central Station?

■ 그 버스를 어디에서 탈 수 있습니까?
  웨어 캐나이 테이킷
  Where can I take it?

■ 그 버스는 몇 시에 출발합니까?
  왓타임 더즈 더 버스 리브
  What time does the bus leave?

■ 다음 버스는 몇 시에 옵니까?
  웬 이즈 더 넥스버스
  When is the next bus?

3 지하철

■ 지하철역이 어디입니까?
웨어리즈 더 서브웨이스테이션
Where is the subway station?

■ 지하철 노선도를 얻을 수 있을까요?
메이 아이 해버 서브웨이맵
May I have a subway map?

■ 팬실베니아로 가려면 몇 호선을 타야 합니까?
위치트랙 이즈 포 팬실버니아
Which track is for Pennsylvania?

■ 2호선을 타세요.
테익 라인 넘버투
Take line number 2.

■ 센트럴 역은 몇 번째 정거장입니까?
하우 매니 스탑스 투 센트럴스태이션
How many stops to Central Station?

■ 여섯 정거장 더 가십시오.
고 식스탑스 프럼 히어
Go Six stops from here.

■ 어디서 갈아탑니까?
　　웨어 두 아이 트랜스퍼
　　Where do I transfer?

■ 필가 쪽 출구가 어디입니까?
　　캔 유 텔 미 위치 이그짓 이즈풔 필스트릿
　　Can you tell me which exit is for Peel Street?

■ 시청으로 가는 지하철이 맞습니까?
　　이즈 디스 더 라잇 서브웨이 풔 시티홀
　　Is this the right subway for City Hall?

4 열차

■ 편도표 한 장 주세요
   어원웨이 티켓 플리즈
   A One way ticket, please.

■ 몇 등석으로 드릴까요?
   왓클래스 우쥬 라익
   What class would you like?

■ 일등석으로 주세요.
   퍼스트클래스 플리즈
   First class, please.

■ 시카고행 열차가 있습니까?
   이즈 데어러 트레인 포 시카고
   Is there a train for Chicago?

■ 좀 더 이른 차는 없습니까?
   아 데어 애니 얼리어원즈
   Are there any earlier ones?

■ 이 열차가 시카고행 열차입니까?
   이즈 디스 더 트레인 포 시카고
   Is this the train for Chicago?

■ 식당칸이 딸려 있습니까?
이즈 데어러 다이닝카
Is there a dining car?

■ 자리 있습니까?
이즈 디씻 베이컨트
Is this seat vacant?

■ 기차에 가방을 놓고 내렸어요.
아이 레프터 백 언 더 트래인
I left a bag on the train.

■ 열차는 제 시각에 떠나나요?
이즈 더 트레인 온 타임
Is the train on time?

5 렌터카

■ 차를 빌리려고 하는데요.
   아이드 라익 투 렌터카
   I'd like to rent a car.

■ 어떤 종류의 차를 원하십니까?
   왓타입 어브 카 우쥬 라익
   What type of car would you like?

■ 소형차가 좋겠어요.
   어 컴팩카 플리즈
   A compact car, please.

■ 하루에 얼마입니까?
   하우머취 이즈 더 래잇 퍼데이
   How much is the rate per day?

■ 보험이 포함되어 있습니까?
   더즈 댓 인클루드 인슈런스
   Does that include insurance?

■ 종합보험으로 해 주십시오.
   풀인슈런스 플리즈
   Full insurance, please.

■ 보증금을 걸어야 하나요?
　두 아이 햅 투 패이 어 디파짓
　Do I have to pay a deposit?

■ 운전면허증을 보여 주세요.
　플리즈 쇼우 미 유어 드라이버스라이슨스
　Please show me your driver's license.

■ 어떤 기름을 넣어야 하나요?
　왓카인더브 퓨얼 더즈 디스 테익
　What kind of fuel does this take?

■ 언제쯤 될까요?
　왠 위릿비 레디
　When will it be ready?

6 렌터카 서비스

■ 제 차 좀 봐 주시겠습니까?
　　우쥬　체카웃　마이카
　Would you check out my car?

■ 무슨 일입니까?
　　왓츠　렁　위딧
　What's wrong with it?

■ 차가 고장이 났어요.
　　마이카　더즌웍
　My car doesn't work.

■ 배터리가 나간 것 같아요.
　　더　배러리　씸스　투　비　데드
　The battery seems to be dead.

■ 타이어가 펑크났어요.
　　아이브　가러　플랫타이어
　I've got a flat tire.

■ 배터리를 충전해 주세요.
　　플리스　챠아지　더　배러리
　Please charge the battery.

■ 기름을 가득 채워 주세요.
   피리럽 플리즈
   Fill it up, please.

■ 오일을 점검해 주세요.
   첵 디 오일 플리즈
   Check the oil, please.

■ 시동이 안걸려요.
   아이 쿠드 낫 스타트 업 더 엔진
   I could not start up the engine.

■ 수리하는 데 얼마나 걸릴까요?
   하우 롱 위릿 테익 투 픽스잇
   How long will it take to fix it?

교통 주요 단어

매표소

매표소	티켓 부스	ticket booth
무임승차권	프리패스	free pass
표자동판매기	티켓 머신	ticket machine
노선	라인	line
노선표	서브웨이맵	subway map
시간표	타임테이블	timetable
요금	페어	fare
1일권	원데이패스	one-day pass
정기권	패스	pass
환승	트랜스퍼	transfer

기차

중앙역	센트럴 스테이션	Central Station
예약	레저베이션	reservation
지정석	리저브드씻	reserved seat
자유석	논리저브드씻	non-reserved seat
식당칸	다이닝카	dining car
침대칸	슬리핑카	sleeping car

버스

마을버스	로컬버스	local bus
시내버스	시티버스	city bus
장거리버스	롱디스턴스버스	long-distance bus
앞좌석	프런트씻	front seat
미터	미터	meter
트렁크	트렁크	trunk
기본요금	베이직레잇	basic rate
할증요금	엑스트라레잇	extra rate
거스름돈	체인지	change

렌터카

렌터카	렌터카	rental car
렌트비	데일리레잇	daily rate
국제면허증	이너네셔널드라이버스 라이센스	international driver's license
자동차보험	오토인셔런스	auto insurance
소형	컴팩트	compact
중형	미드사이즈	mid-size
주행거리	마일리지	mileage
렌트일	피컵데잇	pick-up date
반납일	리턴데잇	return date

5

식당 정보

식당 필수 표현

예약

자리 배정

주문

식사중

패스트푸드

술집

계산하기

식당 주요 단어

음식 즐기기

※ 맛있는 음식을 먹으면 이유 없이 기분 좋아지는 느낌, 모두 경험해 보셨죠? 식도락을 즐기기 위해 알아야할 표현에는 어떤 것이 있는지 꼴깍 침 넘기는 소리와 함께 확인해 볼까요?

식당

예약

예약을 해야 이용할 수 있는 곳이 의외로 많으므로, 맛집으로 소문난 집을 꼭 가고자한다면 이용 정보부터 알아두자. 그리고 드레스코드(복장규칙)가 정해진 곳인지의 여부도 확인해 둘 것. 고급 문화를 즐길 계획이 있다면 관광하기 편한 캐쥬얼 복장과 별도로 격식을 갖춘 복장을 준비해 놓는 것이 좋다.

자리 배정

식당에 들어가면 우리나라처럼 아무 빈자리에 앉지 말고, 웨이터가 안내해줄 때까지 기다리는 것이 외국에서는 예의이다.

식사 중

우리나라에서는 필요한 것(가령 물, 수저, 반찬, 냅킨 등)을 직접 가져다 쓰는 것이 아무렇지 않게 생각되지만 외국에서는 그렇지 않을 수 있으니, 반드시 웨이터에게 요청하도록 하자.
한편 미국의 경우 식사 중 트림을 하거나 재채기를 하는 것이 예의에 어긋난다고 여기는 반면, 코를 푸는 것은 괜찮다고 생각하는 문화가 있다. 테이블에서 이쑤시개를 사용하거나 화장을 고치는 것 또한 매너에 어긋나는 행동이다.

식사 후

무작정 자리에서 일어나 계산대로 가려하지 말고, 계산을 자리에서 하는지 카운터에서 하는지 물어보자. 담당서버의 서비스가 마음에 들었다면 음식 값의 10% 정도 금액을 컵이나 접시 밑에 놓거나 카드 계산에 합산한다.

아침 식사

메뉴는 보통 다음 두 가지로 나뉘는데 Continental 스타일은 빵, 주스, 커피로 이뤄진 가벼운 세트이고 American 스타일은 빵, 음료에 계란, 베이컨, 소시지가 곁들여지는 풍성한 식사이다.

식당 필수 표현

_____좀 주실래요?

캐나이 해브 썸 _____?
Can I have some _____?

□ 설탕 슈거 sugar	□ 소금 솔트 salt	□ 간장 소이소스 soy sauce
□ 드레싱 드레싱 dressing	□ 소스 소스 sauce	□ 케첩 케첩 ketchup
□ 마요네즈 메이오우 mayo	□ 머스타드 머스터드 mustard	□ 얼음 아이스 ice

_____ 좀 주실래요?

캐나이 해버 _____?
Can I have (a) _____?

□ 메뉴 **메뉴** menu	□ 숟가락 **스푼** spoon	□ 젓가락 **찹스틱스** chopsticks
□ 포크 **포오크** fork	□ 나이프 **나이프** knife	□ 냅킨 **냅킨** napkin
□ 컵 **컵** cup	□ 접시 **플레이트** plate	□ 계산서 **더 빌** the bill

1 예약

- 예약을 하고 싶은데요.
  아이드 라익 투 메이커 레저베이션
  I'd like to make a reservation.

- 일행이 몇 분이십니까?
  하우 매니 써
  How many, sir?

- 두 사람입니다.
  투 플리즈
  Two, please.

- 4인석 있습니까?
  어 테이블 포 풔
  A table for four?

- 오늘 저녁 8시입니다.
  디스이브닝 엣 에잇
  This evening at eight.

- 금연석으로 주세요.
  아이드 라이커 넌스모킹테이블
  I'd like a non-smoking table.

- 준비해 놓겠습니다.
  위일 해빗 레디 포 유
  We'll have it ready for you.

- 죄송한데요. 예약이 다 찼습니다.
  쏘리 벗 위아 풀 투나잇
  Sorry, but we are full tonight.

- 복장을 제한하나요?
  두 유 해버 드레스코드
  Do you have a dress code?

- 넥타이를 매지 않아도 됩니까?
  이즈노 타이 오케이
  Is no tie okay?

- 청바지는 안 되나요?
  노 진즈
  No jeans?

2 자리 배정

■ 자리 있어요?
　　캐나이 게러 씻
　Can I get a seat?

■ 두 사람이 앉을 수 있는 자리 좀 부탁합니다.
　　어 테이블 포 투 플리즈
　A table for two, please.

■ 저 혼자입니다.
　　저슷 미
　Just me.

■ 어떤 자리를 원하십니까?
　　위치테이블 두 유 원
　Which table do you want?

■ 창가 자리로 부탁합니다.
　　바이 더 윈도우 플리즈
　By the window, please.

■ 여기 앉아도 됩니까?
　　메이 아이 씻 히어
　May I sit here?

- 이 자리는 예약이 되어 있습니다.
  디스테이블 이즈 리저브드
  This table is reserved.

- 우리 차례가 아직 안 됐나요?
  이즈닛 아우어 턴 옛
  Isn't it our turn yet?

- 세 명 자리는 얼마나 기다려야 하죠?
  하우 롱 슈라이 웨잇 포 쓰리 피플
  How long should I wait for three people?

- 조금 있다가 다시 오겠습니다.
  아일 컴백 이너퓨 미니츠
  I'll come back in a few minutes.

3 주문

■ 메뉴 좀 주시겠어요?
  메이아이 해버 메뉴 플리즈
  May I have a menu, please?

■ 여기 있습니다.
  히어즈 더메뉴
  Here's the menu.

■ 주문하시겠습니까?
  아유 레디투 오더 나우
  Are you ready to order now?

■ 일행을 기다리고 있어요.
  암 웨이링 포 썸원
  I'm waiting for someone.

■ 저녁식사로 어떤 것이 좋습니까?
  왓 두 유 써제슷 포 디너
  What do you suggest for dinner?

■ 이 음식은 어떤 맛입니까?
  왓 더즈잇 테이슷라이크
  What does it taste like?

- 이 요리는 무엇입니까?

    왓 카인덥 디쉬 이즈디스

    What kind of dish is this?

- 이 음식에 디저트가 포함되어 있나요?

    더짓 인클루드 디저트

    Does it include dessert?

- 이건 빨리 됩니까?

    위릿비 레디쑨

    Will it be ready soon?

- 스테이크는 어떻게 해 드릴까요?

    하우 우쥬 라익 유어스테익

    How would you like your steak?

- 완전히 / 중간으로 / 덜 익혀 주세요.

    웰던 / 미디엄 / 레어 플리즈

    Well done / medium / rare, please.

- 스프 드시겠습니까?

    우쥬 라익썸쑵

    Would you like some soup?

3 주문

- 치킨스프로 하겠습니다.
  아일 햅더 치킨쑵
  I'll have the chicken soup.

- 가벼운 걸로 있습니까?
  두유햅 애니씽 라이트
  Do you have anything light?

- 드레싱은 어떤 것으로 해 드릴까요?
  왓 카인덥 드레씽 우쥬라익
  What kind of dressing would you like?

- 이탈리안 드레싱으로 주세요.
  이탤리언드레씽 플리스
  Italian dressing, please.

- 어떤 음식이 좋습니까?
  와루유 레커멘드
  What do you recommend?

- 오늘 특별 요리가 무엇입니까?
  와리즈 투데이스페셜
  What is today's special?

■ 이 지방의 유명한 음식이 무엇입니까?
　왓츠　더　베슷　로컬푸드
　What's the best local food?

■ 주방장이 추천하는 요리는 무엇입니까?
　왓　더즈　더　취프　레커멘드
　What does the chef recommend?

■ 이 코스요리를 권해 드리고 싶습니다.
　아이　레커멘드디스코스
　I recommend this course.

■ 그래요? 먹어보겠습니다.
　리얼리　아일　트라잇
　Really? I'll try it.

■ 같은 것으로 하겠습니다
　아일　햅　더　쎄임
　I'll have the same.

■ 다른 건 필요 없으세요?
　애이띵 엘즈
　Anything else?

3 주문

■ 음료는 무엇으로 하시겠습니까?
  왓 우쥬 라익 투 드링
  What would you like to drink?

■ 아이스티로 주세요.
  아이스티 플리즈
  Iced tea, please.

■ 헤이즐넛으로 주세요.
  헤이즐넛 플리즈
  Hazelnut, please.

■ 같은 것으로 주세요.
  세임 히어
  Same here.

■ 디저트는 무엇으로 하시겠습니까?
  왓 우쥬 라익 포 디저트
  What would you like for dessert?

■ 아이스크림 주세요.
  아이스크림 플리즈
  Ice cream, please.

■ 디저트만 드시겠습니까?
　　두유 온니원 디저트
　　Do you only want dessert?

■ 주문을 바꾸어도 될까요?
　　이즈잇 파서블 투 채인지 마이오더
　　Is it possible to change my order?

■ 음, 잠깐만요.
　　렛 미 띵크
　　Let me think.

■ 포도주 한 잔 주십시오.
　　어 글래썹 와인 플리즈
　　A glass of wine, please.

■ 커피 좀 더 주세요.
　　모어 커피 플리즈
　　More coffee, please.

4 식사중

■ 후추 좀 건네 주세요.
   패스 미더 페퍼 플리즈
   Pass me the pepper, please.

■ 포크를 떨어뜨렸어요.
   아이드랍트 마이포크
   I dropped my fork.

■ 다른 포크를 갖다 주세요.
   쿠쥬 브링미 어나더포크
   Could you bring me another fork?

■ 주문한 음식이 아니에요.
   아이 디든오더 디스
   I didn't order this.

■ 메뉴 좀 다시 볼 수 있을까요?
   캐나이 씨 더 메뉴 어게인
   Can I see the menu again?

■ 스파게티를 주문했어요.
   아이 오더드 스파게리
   I ordered spaghetti.

- 주문 취소해주세요.

  캐나이 캔슬 마이 오더

  Can I cancel my order?

- 맛이 이상해요.

  디스 테이스트레인지

  This tastes strange.

- 이 음식은 어떻게 먹는 건가요?

  하우 두유 이트 디스

  How do you eat this?

- 부탁 좀 들어 주시겠어요?

  우쥬 두 미 어 페이버

  Would you do me a favor?

- 이것 좀 치워 주세요.

  테익디스 어웨이 플리즈

  Take this away, please.

- 이것 좀 싸주실래요?

  쿠쥬 헬미투 랩 디썹

  Could you help me to wrap this up?

5 패스트푸드

■ 이 근처에 패스트푸드점이 있습니까?
　　이즈데어러 패스트푸드레스터란트 니어히어
　Is there a fast-food restaurant near here?

■ 햄버거 하나 주세요.
　　원햄버거 플리즈
　One hamburger, please.

■ 빅맥 세트 주세요.
　　아이드 라이커 빅맥미일
　I'd like a Big Mac meal.

■ 어떤 것을 얹어 드릴까요?
　　왓 우 쥬 라이커닛
　What would you like on it?

■ 소스는 어떤 것으로 해 드릴까요?
　　왓 카인덥 드레싱
　What kind of dressing?

■ 머스타드소스로 주세요.
　　아이원 머스타드
　I want mustard.

- 음료는 무엇으로 드릴까요?
    왓 우쥬 라익 투 드링트

    What would you like to drink?

- 소다 작은 걸로 주세요
    아일 해버 스몰 소다

    I'll have a small soda.

- 콜라 대신 커피로 할 수 있을까요?
    메이아이 햅 커피 인스테더브 코크

    May I have coffee instead of coke?

- 여기서 드실 겁니까, 가지고 가시겠습니까?
    이즈디스 포히얼 오어 투고우

    Is this for here or to go?

- 여기서 먹을 겁니다.
    포 히어

    For here.

- 포장해주세요.
    투 고 플리즈

    To go, please.

6 술집

■ 맥주는 어떤 것이 있어요?
  왓 브랜덥 비어 두 유 해브
  What brand of beer do you have?

■ 기네스로 주세요.
  기네스 플리즈
  Guinness, please.

■ 생맥주 주세요.
  드레프트 비어 플리즈
  Draft beer, please.

■ 와인은 어떤 것으로 하시겠습니까?
  왓 카인덥 와인 우쥬 라익
  What kind of wine would you like?

■ 달콤한 것으로 주십시오.
  아이드 라익 썸띵 스윗
  I'd like something sweet.

■ 위스키에 얼음을 넣어서 주세요.
  스카치 언더 락스 플리즈
  Scotch on the rocks, please.

- 같은 걸로 한잔 더 주세요.

  어나더 원 플리즈

  Another one, please.

- 건배~

  치얼스

  Cheers!

- 원샷!

  바틈즈 업

  Bottoms up!

- 내가 쏠게요.

  잇츠 온 미

  It's on me.

7 계산 하기

- 계산해 주세요.
  플리즈 렛미 햅더빌
  Please let me have the bill.

- 계산은 여기서 해요? 아님 계산대로 갈까요?
  두아이 페이히어 오어 앳더캐셔
  Do I pay here or at the cashier?

- 계산은 카운터에서 해주세요.
  플리즈 페이 엣더 카운터
  Please pay at the counter.

- 따로 계산하시겠습니까?
  우쥬 라익 세퍼릿첵스
  Would you like separate checks?

- 계산은 내가 하겠습니다.
  아일 테익 캐어러브 더 빌
  I'll take care of the bill.

- 제가 반을 낼게요.
  렛 미 패이 핼프
  Let me pay half.

- 얼마입니까?
  하우 머취 이즈 잇
  How much is it?

- 팁이 포함된 가격입니까?
  이즈 더팁 인클루디드
  Is the tip included?

- 거스름돈은 가지세요.
  킵 더 체인지
  Keep the change.

- 거스름 돈이 틀립니다.
  유 개입미 더렁 체인지
  You gave me the wrong change.

- 잘 먹었습니다.
  이츠 베리 굿
  It's very good.

식당 주요 단어

식당

이탈리아 식당	이탤리언레스토런트	Italian restaurant
일본 식당	재패니즈레스토런트	Japanese restaurant
중국 식당	차이니즈레스토런트	Chinese restaurant
프랑스 식당	프렌치레스토런트	French restaurant
멕시코 식당	멕시칸레스토런트	Mexican restaurant
인도 식당	인디안레스토런트	Indian restaurant
한국 식당	코리언레스토런트	Korean restaurant

요리

전채요리	에피타이저	appetizer
주요리	메인 디쉬	main dish
후식	디저트	dessert
스프	숩	soup
샐러드	샐러드	salad
빵	브레드	bread
밥	라이스	rice
반찬	사이드 디쉬	side dish
소고기	비프	beef
돼지고기	포크	pork

닭고기	치킨	chicken
해산물	씨푸드	seafood
조개	쉘피쉬	shellfish
양고기	머튼	mutton
오리고기	덕	duck
칠면조고기	터어키	turkey

조리 방법

끓인	보일드	boiled
석쇠에 구운	그릴드	grilled
튀긴	프라이드	fried
찐	스팀드	steamed
다진	해쉬드	hashed
얇게 저민	커틀릿	cutlet
덜 익은	레어	rare
적당히 익힌	미디움	medium
잘 익은	웰던	well-done

6

숙소 정보

숙박 필수 표현

예약

체크인

룸서비스

기타 서비스

트러블

체크아웃

숙박 주요 단어

숙박 이용

맛있게 먹고 신나게 놀다보면 어느덧 날은 저물고 몸은 지쳐만 갑니다. 몸이 편해야 마음도 편해지기 마련인데요. 하루의 피로를 풀 잠자리가 불편하면 안 되겠죠?

숙소 이용

예약

여행정보책자에 소개된 믿을만한 숙소라면, 인터넷을 통해 미리 예약하고 가는 것이 좋다. 대중교통을 이용해 직접 찾아갈 경우, 가는 방법과 약도를 미리 챙겨야한다. 숙소를 찾느라 무거운 배낭을 메고 헤매다보면 관광을 시작하기도 전에 지쳐버릴 수 있다. 무엇이든 준비해놓는 정신은 여행자의 필수덕목이라는 걸 명심하자.

체크인, 체크아웃

보통 12시를 전후해 체크인이 되지만, 일정상 그보다 일찍 도착할 경우 방을 배정하고 배낭을 맡아주는 등의 편의는 봐준다. 체크인 시 보증금deposit을 요구하며, 그 금액은 체크아웃 시 돌려받는다.

방 이용

외출시 열쇠는 분실의 위험을 막기 위해 프론트에 맡기는 것이 좋다. key drop이라고 쓰여진 곳에 놓으면 된다. 현관문뿐 아니라 베란다 또한 문을 닫으면 자동으로 잠기는 경우가 있으니 유의해야 한다. 외국의 욕실은 한국처럼 바닥에 배수구가 없는 경우가 많다. 샤워부스나 욕조 안에서 샤워를 해야하며, 샤워커튼을 이용해 물이 튀지 않도록 신경써야한다.

아침 식사 이용

조식이 무료로 제공되는 경우 이용 가능 시간이 정해져 있다. 미리 숙지하고 있어야 하며, 유럽식 뷔페를 이용할 때 배낭여행객들이 종종 빵과 샌드위치를 몰래 싸가는 경우를 목격하게 되는데, 국가 이미지를 생각해서 자제하도록 하자.

팁

포터가 짐을 들어줄 경우 가방 한 개당 1~2달러 정도를 준다. 호텔도어맨이 택시를 잡아줄 경우도 1~2달러, 체크아웃 시 숙소가 마음에 들었다면 침대 위에 팁을 올려놓는 센스도 잊지 말자.

숙소 종류

어느 숙소든 미리 예약을 해두는 것이 현명하다는 말은 귀가 아프게 들었을 터. 예약과 더불어 공항, 기차역까지 픽업하는 서비스가 있는지, 식사는 제공되는지, 할인이 가능한지, 인터넷 상에서 평이 좋은지 나쁜지까지 꼼꼼히 챙기는 세심함을 발휘하자.

호텔

시설, 서비스, 청결도, 안전 면에서 가장 권장할만하지만, 배낭여행자에게 부담스러운 것이 사실이다. 여행상품 중에 종종 저렴한 호텔팩이 나오니 손가락이 부러지도록 검색하는 자에게만 호사를 누리며 돈을 아끼는 행운이 올지어다.

알고 갑시다

유스호스텔

가격이 저렴하며 자가 취사가 가능하다는 매력이 있다. 성수기에는 전 세계 어느 나라든 예약이 필수이며, 유스호스텔 회원증, 국제학생증이 있으면 할인 혜택을 누릴 수 있다.

게스트하우스

유스호스텔과 비교해 시설 면에서 조금 떨어지지만 역 주변에 위치하고 저렴하다는 장점이 있다.

백팩커스

게스트 하우스와 동일한 개념이며 주로 호주에서 쉽게 접할 수 있다.

B&B

Bed and Breakfast의 약자로 영국에서 주로 발달된 숙소 형태인데, 아침이 제공되는 것이 특징이며 유스호스텔과 가격과 시설 면에서 비슷한 편이다.

민박

현지인이 남는 방을 하나 세 놓는 현지 민박이 있는가 하면 (기차역에서 종종 호객꾼을 만날 수 있다.) 유명 도시마다 한국인이 운

영하는 민박집이 있다. 전자의 경우 현지인의 문화를 뼛속 깊이 체험할 수 있다는 장점이 있고, 후자의 경우 준비 없이 떠났다 하더라도 한국인 주인의 도움을 받아 많은 관광 정보를 얻으며, 동행자를 구할 수도 있다는 이점이 있다.

도미토리

대학교의 여름과 겨울 방학 기간에만 이용할 수 있는 숙소로 지정된 날만큼 기숙사를 여행객에게 제공해주는 것이다. 최고로 저렴한 만큼 시설은 기대하지 말자.

숙박 필수 표현

_____ (으)로 주세요.

아이드 라익 (어) _____.
I'd like (a) _____.

- 싱글룸 / 싱글 룸 / single room
- 더블룸 / 더블룸 / double room
- 트윈룸 / 트윈룸 / twin room
- 스윗룸 / 스윗 / suite
- 레이크뷰룸 / 레이크뷰룸 / lake-view room
- 마운틴뷰룸 / 마운틴뷰룸 / mountain-view room
- 오션뷰룸 / 오션뷰룸 / ocean-view room
- 도미토리 / 도미토리 / dormitory
- 홈스테이 / 홈스테이 / homestay

_____(이) 고장났어요.

더 _____ 더즌 웍
The _____ doesn't work.

전화 **텔레폰** telephone	인터넷 **이너넷** Internet	에어컨 **에어컨디셔너** air conditioner
히터 **히러** heater	카드키 **카드키** card key	헤어드라이기 **블로우드라이어** blow dryer
TV **티브이** TV	샤워기 **샤우어** shower	변기 **토와일렛** toilet

1 예약

- 예약을 하지 않았습니다.
  아이 돈 해버 레저베이션
  I don't have a reservation.

- 예약하고 싶은데요.
  아이드 라익투 부커 룸
  I'd like to book a room.

- 방 있어요?
  두 유 해버 룸
  Do you have a room?

- 어떤 방으로 드릴까요?
  왓 카인덥 룸 우쥬 라익
  What kind of room would you like?

- 싱글룸으로 주세요.
  아이드 라익커 싱글룸
  I'd like a single room.

- 욕실이 딸린 방으로 주세요.
  캐나이 해버 룸 위더 프라이빗 베쓰
  Can I have a room with a private bath?

■ 방을 보고 싶습니다.
　　메이 아이 씨 더 룸
　May I see the room?

■ 이 방으로 하겠습니다.
　　아일 테익 디스
　I'll take this.

■ 더 싼 방은 없습니까?
　　이즈 데어 애니씽 칩퍼
　Is there anything cheaper?

■ 하루 요금이 얼마입니까?
　　하우머치 이즈이러 나잇
　How much is it a night?

■ 아침 식사는 포함되어 있습니까?
　　이즈 브렉퍼스트 인클루디드
　Is breakfast included?

2 체크인

- 예약을 했습니다.
  아이 메이더 레저베이션
  I made a reservation.

- 성함이 어떻게 되십니까?
  메이 아이 햅 유어네임
  May I have your name?

- 어느 분의 이름으로 예약되어 있습니까?
  왓 네임 이즈잇 언더
  What name is it under?

- 오은호입니다.
  마이네임 이즈 은호 오
  My name is Eun-ho Oh.

- 얼마나 머무르실 겁니까?
  하우롱 아유 스테잉
  How long are you staying?

- 언제 체크 아웃하실 겁니까?
  웬 아유 고잉투 체카웃
  When are you going to check out?

■ 숙박비는 어떻게 지불하시겠습니까?
   하우 우쥬 라익 투 페이
   How would you like to pay?

■ 신용카드로 계산할 겁니다.
   바이 크레딧카아드 플리즈
   By credit card, please.

■ 숙박 카드에 기입해주세요.
   필 아웃 더 레지스트레이션 카드 플리즈
   Fill out the registration card, please.

■ 731호실 열쇠, 여기 있습니다.
   디스 이즈 유어 룸키 투 쎄븐쓰리원
   This is your room key to 731.

3 룸서비스

■ 룸서비스 부탁합니다.
   헬로우 룸써비스 플리즈
   Hello, room service, please.

■ 룸서비스는 어떻게 부릅니까?
   하우 두 아이 컬 룸써비스
   How do I call room service?

■ 0번을 누르십시오.
   저슷다이얼 지로 써
   Just dial zero, sir.

■ 룸서비스입니까?
   이즈 디스 룸써비스
   Is this room service?

■ 룸서비스입니다. 무엇을 도와 드릴까요?
   룸써비스 메이 아이 헬 퓨
   Room service. May I help you?

■ 따뜻한 물을 가져다 주세요.
   브링 미 썸 핫워러 플리즈
   Bring me some hot water, please.

■ 식사를 방으로 주문할 수 있을까요?
　　캔유 브링 업 마이 미일
　Can you bring up my meal?

■ 빨리 좀 부탁합니다.
　　애즈쑨애즈 파서블
　As soon as possible.

■ 누구세요?
　　후 이짓
　Who is it?

■ 룸서비스입니다.
　　룸 서비스
　Room service.

■ 잠시만요.
　　저스터 모먼 플리즈
　Just a moment, please.

■ 들어오세요.
　　플리즈 커민
　Please come in.

4 기타 서비스

■ 보관함이 있습니까?
　　두유　해버　세이프티　디파짓　박스
　Do you have a safety deposit box?

■ 이것을 보관하고 싶은데요.
　　아이드　라익투　디파짓디스
　I'd like to deposit this.

■ 언제까지 사용하시겠습니까?
　　하우롱　우쥬　라익투 유짓
　How long would you like to use it?

■ 내일 밤까지요.
　　언틸　투모로우나잇
　Until tomorrow night.

■ 이 서류를 작성해 주십시오.
　　피라웃　디스폼　플리즈
　Fill out this form, please.

■ 이렇게 하면 됩니까?
　　이즈　디스　올라잇
　Is this all right?

■ 이 상자 안에 귀중품을 넣으면 됩니다.
  플리즈 풋 유어 밸유어블스 인 디스박스
  Please put your valuables in this box.

■ 카운터에 놓아두세요.
  리이브 뎀 언더 카운터
  Leave them on the counter.

■ 내 짐을 찾으러 왔습니다.
  메이 아이 햅 마이베기지 위드 백
  May I have my baggage back?

4 기타 서비스

- 모닝콜 부탁합니다.
  아이 니더 웨이크업컬 플리즈
  I need a wake-up call, please.

- 몇 시에 해 드릴까요?
  포 왓타임
  For what time?

- 내일 아침 7시 30분에 해 주세요.
  투모로우 모닝 앳 쎄븐써리
  Tomorrow morning at 7:30.

- 여기는 1154호실입니다.
  디스 이즈 룸넘버 원원파입포
  This is room number 1154.

- 세탁서비스입니다.
  디스 이즈 런드리써비스
  This is laundry service.

- 셔츠 두 장 다림질 좀 해 주세요.
  아이드 라익 투 햅 투 셔츠 아이런드
  I'd like to have two shirts ironed.

■ 얼마나 걸립니까?
  하우롱 위릿 테익
  How long will it take?

■ 오래 걸리지 않습니다.
  잇 더즌테익 롱
  It doesn't take long.

■ 오늘 밤까지 될까요?
  캐나이 햅 뎀백 바이 디스이브닝
  Can I have them back by this evening?

■ 외출하는 동안 방 청소를 부탁할께요.
  우쥬플리즈 클린 마이룸 와일 암아웃
  Would you please clean my room while I'm out?

■ 방 청소를 하지 말아 주세요.
  플리즈 돈클린 마이룸
  Please don't clean my room.

5 트러블

■ 문제가 무엇입니까?
　　왓츠　더　프라블럼
　What's the problem?

■ 방에 열쇠를 놓고 나왔어요.
　　아이　레픗　마이　키　인　마이룸
　I left my key in my room.

■ 내 방 자물쇠가 망가졌습니다.
　　더　락온　마이도어　이즈　브로큰
　The lock on my door is broken.

■ 문이 잠겨서 열 수가 없어요.
　　더　도어　이즈　락트　아이　캔　오픈닛
　The door is locked. I can't open it.

■ 에어콘이 고장났어요.
　　디　에어컨디셔너　더즌웍
　The airconditioner doesn't work.

■ 비누가 없습니다.
　　데어즈　노　쏩
　There's no soap.

- 더운 물이 안 나옵니다.
    노 핫 워러즈러닝
    No hot water's running.

- 방이 너무 더워요.
    디스룸 이즈 투핫
    This room is too hot.

- 방이 너무 추워요.
    마이 룸 이즈 투 코올드
    My room is too cold.

- 방을 좀 바꿔 주시겠습니까?
    쿠쥬 체인지 마이룸
    Could you change my room?

- 곧 사람을 보내겠습니다.
    위일센드 썸원업 라잇어웨이
    We'll send someone up right away.

6 체크 아웃

■ 지금 체크아웃할게요.
   아이워너 체카웃 나우
   I want to check out now.

■ 계산서 여기 있습니다.
   디스 이즈 유어빌
   This is your bill.

■ 지불은 어떻게 하시겠습니까?
   하우 윌 유 패이
   How will you pay?

■ 신용카드 받나요?
   두유 억쎕 크레딧카아즈
   Do you accept credit cards?

■ 예. 받습니다.
   예스 위 두
   Yes, we do.

■ 세금이 포함되어 있습니까?
   더즈디스 인클루드 텍스
   Does this include tax?

- 이 요금은 무엇입니까?
    왓츠 디스 챠아지
    What's this charge?

- 계산이 잘못된 것 같은데요.
    아이띵 디스빌 해저 미스테익
    I think this bill has a mistake.

- 방에 두고 온 것이 있어요.
    아이 레픗썸띵 인마이룸
    I left something in my room.

- 짐을 좀 맡아주시겠어요?
    쿠쥬 킵 마이 배기지
    Could you keep my baggage?

숙박 주요 단어

숙박시설

호텔	호텔	hotel
유스호스텔	유스호스텔	youth hostel
게스트하우스	게스트하우스	guesthouse
숙박	로징	lodging
홈스테이	홈스테이	homestay

부대시설

사우나	사우나	sauna
헬스장	짐	gym
수영장	스위밍풀	swimming pool
레스토랑	레스토랑	restaurant
스카이라운지	스카이라운지	sky lounge
바	바	bar
프런트	프런트데스크	front desk
숙박등록카드	레지스트레이션카드	registration card
봉사료	서비스차지	service charge
지배인	메니저	manager

기타

성수기	하이 시즌	high season
비수기	오프시즌	off season
객실청소	메이컵	make-up
분실물센터	로스트앤파운드	lost and found
모닝콜서비스	웨이컵콜	wake-up call
세탁서비스	런더리서비스	laundry service
주차서비스	발렛파킹	valet parking
탁아서비스	베이비시팅서비스	babysitting service

아침식사

유럽식아침	컨티넨설브랙퍼스트	continental breakfast
미국식아침	어메리칸브랙퍼스트	American breakfast

7

- 관광 정보
- 관광 필수 표현
- 관광 안내소
- 관광 투어 이용
- 길 묻기
- 관람
- 티켓
- 사진 찍기
- 오락 · 스포츠
- 관광 주요 단어

현지 관광

※ 여행을 하면서 가장 말을 많이 하게 되는 상황이 길을 묻거나 관광지 내에서 이것저것 물어볼 때가 아닐까요? 어떻게 해야 원하는 답을 얻을 수 있는지 여기에서 확인하세요.

관광

남들과 똑같기를 거부하는 당신이라면 자신만의 테마를 정하고 확고한 주관대로 루트를 짜보는 것이 어떨까.
골목길 구석 구석 순례하기, 무료 재즈 공연 찾아다니기, 길거리 불량식품 섭렵하기 등 테마는 무궁무진하다. 다음의 일반적인 콘셉트를 참고해서 창의적인 루트를 만들어보자.

1 역사 깊은 유적지 순례

자유의 여신상, 링컨기념관, 성페츄릭성당, 자연사박물관, 미국독립기념관

2 자연의 아름다움을 찾아서

그랜드 캐니언, 요세미티 국립공원, 나이아가라 폭포, 호주 블루마운틴 등

3 문화적 혜택에 목마른 당신을 위한 공연 기행

뉴욕 브로드웨이 뮤지컬, 런던 웨스트앤드, 발레, 오페라, 인형극 투어

4 예술혼을 불태우는 미술관 투어

뉴욕 현대미술관, 소호거리, 메트로폴리탄미술관, 런던미술관

5 우상의 자취 좇아가기

영국 리버풀의 비틀즈투어, 엘비스 프레슬리 기념관

6 영화 속, 드라마 속, 소설 속 배경 따라가기

엠파이어스테이츠 빌딩(러브어페어, 씨애틀의 잠 못 이루는 밤), 센트럴파크(섹스앤더시티)

7 세포 하나하나에 온 몸을 던지는 다이내믹한 여정

번지점프, 래프팅, 스쿠버다이빙, 서핑, 패러글라이딩, 행글라이딩

8 멀리서 세상 바라보기

경비행기 투어, 차 렌트해서 미국 대륙 횡단하기

9 영화제, 도서전, 비엔날레 등 행사 따라가기

관광 필수표현

_____ 은 어디인가요?

웨어-ㄹ 이즈 더 _____

Where is the _____?

□ 여행안내소 **투어리스트 인포메이션센터** tourist information center	□ 매표소 **티켓 오피스** ticket office	□ 극장 **씨어터** theater
□ 입구 **엔터런스** entrance	□ 출구 **엑시트** exit	□ 매점 **푸드 스탠드** food stand
□ 선물가게 **기프트샵** gift shop	□ 박물관 **뮤지엄** museum	□ 공원 **파크** park

_____은 어디에서 사요?

웨얼 캐나이 바이 (어)_____?
Where can I buy (a) _____?

□ 티켓 **티켓** ticket	□ 필름 **필름** film	□ 건전지 **배러리** battery
□ 엽서 **포스트카드** postcard	□ 팸플릿 **브로셔** brochure	□ 기념품 **수비니어** souvenir
□ 문구 **스테이셔너리** stationery	□ 음반 **디스크** disk	□ 골동품 **앤티크** antique

1 관광 안내소

■ 안내서를 얻을 수 있습니까?
  메이아이 해버 가이드북
  May I have a guidebook?

■ 관광지도 한 장 주세요.
  어 싸이씽맵 플리즈
  A sightseeing map, please.

■ 구경하기 제일 좋은 곳이 어디입니까?
  와리즈 더 베슷플레이스 투씨
  What is the best place to see?

■ 캘리포니아가 좋습니다.
  캘리포니아 이저 굿플레이스
  California is a good place.

■ 볼만한 곳을 알려주시겠어요?
  캔유 레커멘 썸 인터레스팅플레이시스
  Can you recommend some interesting places?

■ 금문교를 권해 드리고 싶습니다.
  아이 레커멘 더 골든개잇브릿지
  I recommend the Golden Gate Bridge.

- 그곳에는 어떻게 가죠?
  하우 캐나이 겟 데어
  How can I get there?

- 걸어서 갈 수 있습니까?
  캐나이 겟데어 언풋
  Can I get there on foot?

- 택시를 타는 것이 좋을 겁니다.
  유드 베러 테이커 택시
  You'd better take a taxi.

- 당일치기로 갈만한 곳이 어딘가요?
  웨얼 캐나이 고 퍼러 데이트립
  Where can I go for a day trip?

2 관광투어 이용

■ 시내 관광버스가 있습니까?
　　두유　해버　시티투어버스
　Do you have a city tour bus?

■ 오늘 관광이 있습니까?
　　두유　해버　투어　투데이
　Do you have a tour today?

■ 시내관광에 참여하고 싶은데요.
　　아이드　라익　투　조이너　시티투어
　I'd like to join a city tour.

■ 관광코스를 추천해 주시겠습니까?
　　캔　유　레커멘더　싸잇씨잉투어
　Can you recommend a sightseeing tour?

■ 어디에서 출발하죠?
　　웨어　더짓　스타트
　Where does it start?

■ 몇 시에 돌아옵니까?
　　왓타임　윌　위　비백
　What time will we be back?

■ 그 관광은 시간이 얼마나 걸립니까?
　　하우롱 더즈 더 투어 테익
　　How long does the tour take?

■ 가이드가 있습니까?
　　두 유 해버 가이드
　　Do you have a guide?

■ 식사가 포함되어 있나요?
　　아 애니 밀즈 인클루디드
　　Are any meals included?

3 길 묻기

- 길을 잃은 것 같아요.
    아임 어프레이드 아이 갓 러스트
    I'm afraid I got lost.

- 이곳은 처음입니다.
    아이머 스트레인저 히어
    I'm a stranger here.

- 여기가 어딘가요?
    웨어래마이
    Where am I?

- 이것은 어디에 있습니까?
    웨어리즈 디스
    Where is this?

- 공원 가는 길을 알려 주시겠습니까?
    쿠쥬 텔 미 더 웨이 투 더 파크
    Could you tell me the way to the park?

- 여기서 먼가요?
    이짓 파프롬 히어
    Is it far from here?

- 약도를 좀 그려주시겠습니까?
  쿠쥬 드로 미어 맵
  Could you draw me a map?

- 정말 혼동되는군요.
  댓 사운즈 릴리 컨퓨징
  That sounds really confusing.

- 이 길인가요?
  언 디스트릿
  On this street?

- 지나쳐왔군요.
  유브 컴 투 파
  You've come too far.

- 택시를 타야 합니까?
  슈다이 테이커 택시
  Should I take a taxi?

- 다음 모퉁이에서 오른쪽으로 돌아가세요.
  턴 라잇 엣더코너
  Turn right at the corner.

4 관람

■ 여기서 열리는 경기가 있습니까?
　　아데어 애니 스포팅이벤츠 히어

　Are there any sporting events here?

■ 오늘 밤에 상영하는 것이 뭐죠?
　　왓츠 언 투나잇

　What's on tonight?

■ 누가 출연하나요?
　　후 어피어즈 이닛

　Who appears in it?

■ 재미있나요?
　　이짓 굿

　Is it good?

■ 게임은 몇 시에 시작됩니까?
　　왓타임 더즈 더게임 비긴

　What time does the game begin?

■ 공연은 몇 시에 끝납니까?
　　왓타임 이즈 더 쇼오우버

　What time is the show over?

- 휴식 시간이 얼마나 됩니까?
    하우롱 이즈 디 인터미션
    How long is the intermission?

- 좌석료를 내야 합니까?
    이즈 데어러 커버 챠아지
    Is there a cover charge?

- 안에서 사진을 찍어도 됩니까?
    메이 아이 테익 썸 픽처스 인싸이드
    May I take some pictures inside?

- 비디오 촬영을 해도 되나요?
    이짓 오케이투 레코딧
    Is it okay to record it?

5 티켓

- 표 있습니까?

  캐나이 게러 티킷

  Can I get a ticket?

- 남은 자리가 있습니까?

  아 데어 애니 씨츠 레프트

  Are there any seats left?

- 입장료가 얼마입니까?

  하우머치 이즈 디 어드미션피

  How much is the admission fee?

- 오늘밤 공연표 두 장 주세요.

  아이드 라익투 티킷츠 포 투나잇츠

  I'd like two tickets for tonight.

- 표가 매진되었습니다.

  더티킷츠 아올 쏘울다웃

  The tickets are all sold out.

- 다음 주 월요일은 어떻습니까?

  하우 어바웃 넥슷먼데이

  How about next Monday?

- 다음 주 월요일 표는 있습니다.
  넥슷먼데이 이즈 오케이
  Next Monday is okay.

- 학생 할인이 있나요?
  두유 기브 스튜던트 디스카운츠
  Do you give student discounts?

- 가장 싼 자리는 얼마입니까?
  하우 머치 이즈 더 치피스트 씻
  How much is the cheapest seat?

- 어떤 좌석으로 드릴까요?
  위치 씻 두유 원
  Which seat do you want?

- 가운데 자리로 주세요.
  인더 미들로우 플리즈
  In the middle row, please.

6 사진 찍기

■ 여기서 사진을 찍어도 될까요?
   메이 아이 테익 픽쳐스 히어
   May I take pictures here?

■ 같이 사진 찍읍시다.
   렛츠 테이커 픽쳐
   Let's take a picture.

■ 사진을 찍어 주시겠어요?
   쿠쥬 테이커 픽쳐 포 미
   Could you take a picture for me?

■ 이 셔터만 누르면 됩니다.
   저슷 푸쉬 디스 셔터
   Just push this shutter.

■ 사진 꼭 보내드릴게요.
   아일 샌듀 더 픽쳐
   I'll send you the picture.

■ 이메일 주소를 가르쳐주세요.
   캔유 롸잇 유어 이메일 어드레스
   Can you write your e-mail address?

■ 이 근처에 사진관이 있습니까?
   아 데어 애니 캐머라샵스 니어 히어
   Are there any camera shops near here?

■ 이 카메라에 필름 한 통 넣어 주세요.
   플리즈 푸러 롤럽 필름인
   Please put a roll of film in.

■ 이 필름을 현상하고 싶은데요.
   아이드 라익 투 햅 디스 필름 디벨롭트
   I'd like to have this film developed.

■ 카메라가 고장 났어요.
   디스 케머라 더즌웍
   This camera doesn't work.

■ 고쳐 주시겠습니까?
   캔 유 리패어릿
   Can you repair it?

7 오락·스포츠

■ 이 호텔에 카지노가 있습니까?
   이즈 데어러 커지노우 인디스 호텔
   Is there a casino in this hotel?

■ 아랫층에 있습니다.
   데어리즈 원 다운스테어즈
   There is one downstairs.

■ 카지노 경험이 없는데요.
   아이브 네버빈 이너커지노우
   I've never been in a casino.

■ 어느 것이 초보자에게 쉬운가요?
   위치 이즈 어 굿게임 포러 비기너
   Which is a good game for a beginner?

■ 룰렛이 좋습니다.
   룰렛 이즈 어 프리티 굿 원
   Roulette is a pretty good one.

■ 룰렛은 어떻게 하는 건가요?
   플리즈 쇼우미 하우투 플레이 룰렛
   Please show me how to play roulette.

■ 칩은 어디서 삽니까?
   하우 두 아이 겟 칩스
   How do I get chips?

■ 100달러를 칩으로 주실래요?
   메이 아이 햅 원헌드렛달러스 인 칩스
   May I have 100 dollars in chips?

■ 골프 / 테니스를 하고 싶은데요.
   아이드 라익투 플레이 골프/테니스
   I'd like to play golf / tennis.

■ 스키 / 서핑을 하고 싶은데요.
   아이드 라익투 고 스킹/서핑
   I'd like to go skiing / surfing.

■ 번지점프 / 행글라이딩을 하고 싶어요.
   아이드 라익투 고 번지 점핑 / 행글라이딩
   I'd like to go bungee jumping/ hang gliding.

관광 주요 단어

관광

여행사	트래블에이전시	travel agency
여행일정	아이티너레리	itinerary
가이드	가이드	guide
당일치기관광	원데이투어	one-day tour
반나절관광	하프데이투어	half-day tour
집합 장소	미팅포인트	meeting point
정차	스탑오버	stopover
관광명소	투어리스트어트렉션	tourist attraction
박물관	뮤지엄	museum
미술관	아트갤러리	art gallery
기념관	메모리얼	memorial
전시회	엑서비션	exhibition
박람회	페어	fair
전망대	옵져베이션 타워	observation tower
축제	페스티벌	festival

극장 및 공연장

매표소	티켓 오피스	ticket office
매표소	박스 오피스	box office
상영시간	쑈타임	show time
입석	스텐딩룸	standing room
지정석	리저브드씻	reserved seat
비지정석	논리저브드씻	non-reserved seat
앞줄	프론트로우	front row
뒷줄	백로우	back row
막간휴식	이너미션	intermission

카메라

사진	포토	photo
셔터	셔러	shutter
디지털카메라	디지럴케머러	digital camera
상반신	어퍼바디샷	upper body shot
전신	풀렝쓰퍼터그라피	full-length photograph
건전지	베러리	battery
필름	필름	film
현상하다	디벨롭 필름즈	develop films

8

쇼핑 정보

쇼핑 필수 표현

상점 찾기

물건 고르기

포장하기

계산하기

교환 · 환불

쇼핑 주요 단어

쇼핑 즐기기

여행에서 빼놓을 수 없는 즐거움이 바로 쇼핑입니다. 일부 사람들은 쇼핑을 목적으로 여행에 나서기도 하는데요. 원하는 물건을 사기 위해서는 어떻게 말해야 하는지 확인해 볼까요.

알고 갑시다

쇼핑 — 미국의 예를 통해 다양한 쇼핑 형태를 살펴보자.

1 쇼핑가 shopping street

백화점이나 상점들이 밀집하여 있는 곳으로 뉴욕의 Madison Avenue, 5th Avenue의 명품 상점가 등이 대표적이다.

2 쇼핑몰 shopping mall, 백화점 department store

미국 최대 규모의 mall of America의 경우 숍 외에 놀이동산, 박물관까지 보유하고 있다.

3 아웃렛 outlet

재고상품을 절반 이하의 가격으로 판매하는 곳으로 뉴욕 근교에 있는 woodbury outlet, 맨해튼 다운타운의 Century 21, 샌프란시스코 남쪽의 Gilroy Outlet이 유명하다.

4 전자상가 Electronic Products Shopping Center

일본보다 싼 것으로 소문난 Circuit city(써킷씨리), 점원이 없는 것이 특징인 Service merchandize가 유명. Catalog를 보고 살 물건을 양식Form에 입력시키면 창고에서 물건이 나온다.

5 유명한 체인점

장난감 전문 – Toys " r " us(토이즈러스), Kids " r " us(키즈러스), Schwartz toy stroe(영화 "나 홀로 집에" 나온 곳)
건강 보조 식품 전문 – GNC
사무용품 전문 – Office Max

6 한인 매장 Discount Store

대표적으로 Walmart, K-mart, Bigg's, Walgreens 등이 있다.

7 벼룩시장 flea market

다양한 중고물품을 저렴하게 즐기는 벼룩시장flea market, 개인 바자회 성격의 yard Sale, garage sale도 잘 활용하면 관광 못지 않은 쇼핑의 즐거움을 얻을 수 있다.

8 우리가 생각하는 것과 개념이 조금 다른 상점

❶ Drug store : 약국이지만 간단한 음식이나 담배, 신문, 잡지 등을 판매한다.

❷ Liquor shop : 술만 파는 상점으로 일반 수퍼에서는 3% 이하의 저알코올 맥주만 팔 수 있고, 나머지 모든 술은 이 Liquor shop에서만 팔 수 있다.

쇼핑 필수표현

_____을(를) 찾고 있어요.

암 루킹 풔러 _____
I'm looking for (a)_____.

□ 셔츠 **셔츠** shirt	□ 점퍼 **점퍼** jumper	□ 스커트 **스커트** skirt
□ 바지 **팬츠** pants	□ 반바지 **숏츠** shorts	□ 청바지 **진** jeans
□ 속옷 **언더웨어** underwear	□ 모자 **햇** hat	□ 운동화 **스니커즈** sneakers

_____을(를) 보여주세요.

플리즈 쇼미 _____
Please show me _____.

1 상점 찾기

■ 쇼핑할만한 곳이 있나요?
　　이즈 데어 어 샤핑에어리어
　Is there a shopping area?

■ 백화점이 어디입니까?
　　웨어리즈 어 디팟먼스토어
　Where is a department store?

■ 근처에 벼룩시장이 있나요?
　　이즈 데어 어 플리어 마켓 니어바이
　Is there a flea market nearby?

■ 여성복 매장은 몇 층입니까?
　　위치플로어 이즈 더 위민스 클로딩언
　Which floor is the women's clothing on?

■ 기념품은 어디에서 살 수 있죠?
　　웨어 캐나이 바이 어 수비니어
　Where can I buy a souvenir?

■ 화장품은 어디에 있어요?
　　웨얼아더 코스메틱스
　Where are the cosmetics?

- 몇 시에 문을 엽니까?
  왓 타임 두 유 오픈
  What time do you open?

- 몇 시에 문을 닫습니까?
  왓 타임 두 유 클로즈
  What time do you close?

- 언제까지 영업합니까?
  하우 레잇 아 유 오픈
  How late are you open?

- 이곳은 24시간 영업합니다.
  위아 오픈 트위니포 아우얼즈 어데이
  We are open 24 hours a day.

2 물건 고르기

■ 도와드릴까요?
    메이 아이 헬퓨
    May I help you?

■ 그냥 구경하는 거예요.
    아임 져슷루킹 땡스
    I'm just looking, thanks.

■ 이런 거 있나요?
    두유 햅더 쎄임씽 에즈디스
    Do you have the same thing as this?

■ 향수를 사고 싶어요.
    아이드 라익투 바이 썸퍼퓸
    I'd like to buy some perfume.

■ 가방 좀 보고 있어요.
    아임 루킹 포러백
    I'm looking for a bag.

■ 이 가방은 진짜 가죽인가요?
    이즈 디스 백 메이덥 리얼 레더
    Is this bag made of real leather?

- 어떤 상표를 원하십니까?

  위치브랜 두 유 원트

  Which brand do you want?

- 이 제품은 어디에서 만들어진 것이죠?

  웨어워즈 디스메이드

  Where was this made?

- 어떤 것이 더 좋은가요?

  위치이즈 베러

  Which is better?

- 색이 너무 어둡네요.

  이츠 투다크

  It's too dark.

- 다른 색이 좋을 것 같아요.

  아이드 라이킥 이너디퍼런컬러

  I'd like it in a different color.

- 사이즈 좀 봐 주세요.

  첵 마이싸이즈 플리즈

  Check my size, please.

2 물건 고르기

- 이거 입어봐도 될까요?
    메이 아이 트라이 디스언
    May I try this on?

- 탈의실이 어디입니까?
    웨어즈 더 피팅룸
    Where's the fitting room?

- 딱 맞아요.
    잇 피츠미 웰
    It fits me well.

- 이건 최신 상품인가요?
    이즈 디스 더레이티슷띵
    Is this the latest thing?

- 이것 좀 보여 주세요.
    쇼 미 디스 원
    Show me this one.

- 이것은 원단이 무엇입니까?
    왓츠 디스 메이더브
    What's this made of?

■ 싼 것으로 보여 주세요.
   쇼미 어 치퍼원 플리즈
   Show me a cheaper one, please.

■ 내가 원하는 것이 아니네요.
   댓츠 낫 와라이 원트
   That's not what I want.

■ 잠시 생각해 볼게요.
   아일 띵커바우릿
   I'll think about it.

■ 이거랑 저거 하나씩 주세요.
   원업 도즈 앤 원업 디즈
   One of those and one of these.

■ 그걸로 갖다드리겠습니다.
   아일 게릿 포 유
   I'll get it for you.

3 포장 하기

- 선물용으로 포장해 주세요.
  플리즈 기풋랩 디스
  Please gift wrap this.

- 따로따로 포장해 주세요.
  랩디즈 세퍼레잇틀리
  Wrap these separately.

- 같이 포장해 주세요
  플리즈 랩댐 투게더
  Please wrap them together.

- 포장지는 어떤 것으로 해 드릴까요?
  왓 카인덥 패킹 페이퍼 두유원
  What kind of packing paper do you want?

- 종이백에 넣어 주세요.
  푸릿이너 페이퍼백
  Put it in a paper bag.

- 선물용 박스에 넣어 주시겠어요?
  매이 아이 해버 기풋박스 포 디스
  May I have a gift box for this?

- 가격표를 떼 주시겠어요?

  쿠쥬 테이크 더 프라이스택서프

  Could you take the price tags off?

- 배달해 주나요?

  두 유 딜리버

  Do you deliver?

- 여기로 보내 주세요.

  센딧 투 디스 애드레스 플리즈

  Send it to this address, please.

- 얼마나 걸릴까요?

  하우롱 위릿 테익

  How long will it take?

- 일주일 내에 도착하면 좋겠어요.

  아이 원 디스투 얼라이브 위딘어윅

  I want this to arrive within a week.

4 계산 하기

■ 이것은 면세입니까?
   이즈 디스 택스프리
   Is this tax-free?

■ 세금은 얼마입니까?
   하우 머치 이즈 더텍스
   How much is the tax?

■ 얼마입니까?
   하우머치 이즈잇
   How much is it?

■ 계산해 주세요.
   첵 플리즈
   Check, please.

■ 너무 비싸요.
   이츠투 익스펜시브
   It's too expensive.

■ 깎아 주세요.
   캔유 깁미어 로어프라이스
   Can you give me a lower price?

- 예상했던 것보다 비싸군요.
    댓츠 모어 댄 아이 익스펙팃
    That's more than I expected.

- 싼 것은 없습니까?
    두 유 해버 치퍼원
    Do you have a cheaper one?

- 세일품입니까?
    이즈 디쓴 쎄일
    Is this on sale?

- 세금이 포함된 건가요?
    더즈잇 인클루택스
    Does it include tax?

- 여행자수표를 받습니까?
    두 유 어쎕 트래블러스첵스
    Do you accept traveler's checks?

5 교환 · 환불

■ 교환할 수 있을까요?
   캔 유 채인짓
  Can you change it?

■ 치수 좀 바꿔 주세요.
   캐나이 채인지 더 사이즈
  Can I change the size?

■ 이것을 반품하고 싶습니다.
   아이드 라익 투 리턴 디스
  I'd like to return this.

■ 전혀 작동하지 않아요.
   잇 더즌웍 에롤
  It doesn't work at all.

■ 이것 좀 고쳐주세요.
   아이드 라익 투 헤브 디스 멘딧
  I'd like to have this mended.

■ 환불이 가능한가요?
   캐나이 게러 리퍼던 디스
  Can I get a refund on this?

■ 영수증 여기 있습니다.
  히얼즈 더 리씹트
  Here's the receipt.

■ 환불은 안 되는데요.
  위 돈 리펀머니
  We don't refund money.

■ 책임자를 좀 만날 수 있습니까?
  캐나이 씨 더 매니저
  Can I see the manager?

쇼핑 주요 단어

의류

바지	팬츠	pants
치마	스커트	skirt
셔츠	셔트	shirt
블라우스	블라우스	blouse
코트	코트	coat
가죽점퍼	레더재킷	leather jacket
청바지	진	jeans
반바지	숏츠	shorts

전자제품

전자제품	일렉트로닉프로덕트	electronic product
컴퓨터	컴퓨러	computer
mp3플레이어	엠피쓰리플레이어	MP3 player
i Pod	아이팟	i Pod
캠코더	캠코더	camcorder
전기 면도기	일렉트릭쉐이버	electric shaver
이어폰	이어폰즈	earphones
헤드폰	헤드폰즈	headphones
충전기	차져	charger
게임기	비디오게임	video game

화장품

화장품	코스메틱스	cosmetics
스킨	토너	toner
로션	이멀전	emulsion
크림	크림	cream
선크림	썬블럭	sunblock
클렌징크림	클렌징크림	cleansing cream
파운데이션	파운데이션크림	foundation cream
마스카라	메스케러	mascara
립스틱	립스틱	lipstick
파우더	파우더	powder
향수	퍼퓸	perfume
매니큐어	매니큐어	manicure

- 전화 인터넷 우체국 정보
- 공공기관 필수 표현
- 전화
- 우체국
- 팩스
- 인터넷 카페
- 공공기관 주요 단어

공공시설 이용

여행을 하다 보면 한국으로 전화를 한다거나 소포를 부치거나 인터넷을 이용하는 등의 이유로 영어를 사용해야 할 상황이 생기게 됩니다. 한순간도 방심할 수 없겠죠?

알고 갑시다

전화

국제 전화 Oversea call

국제전화 거는 방법
여행국의 국제전화 식별번호-국가번호(한국은 82)-지역번호(0제외)-전화번호

만약 미국에서 한국의 02-123-4567로 전화한다면, 011-82-2-123-4567순서로 누르면 된다.

Toll free 무료 전화

한국통신이나 데이콤의 번호를 이용해 각 통신사 안내에 따라 수신자 부담전화를 이용할 수 있다.
한편 미국 내에서 위급할 시 800을 누르면 무료전화를 사용할 수 있다.

전화예절

미국, 호주의 경우 나라 내에서도 시차가 있으므로 다른 지역에 전화할 때 시간을 먼저 계산해야 한다.

인터넷

❶ 호텔이나 유스호스텔 등 숙소에서 컴퓨터 및 인터넷 서비스를 제공해주는 경우가 많으므로 잘 활용하도록 한다.

② 한국의 PC방과 같은 개념의 인터넷 카페를 종종 찾을 수 있는데, 한국인이 경영하는 곳일 경우 시간당 2~8달러지만, 현지인이 하는 곳은 10분당 2달러인 경우도 있으니 잘 확인하고 들어가자.

③ 노트북을 가져갔다면 공공도서관이나 스타벅스같은 커피숍에서 무선 인터넷을 사용할 수 있다.

우체국

우편

여행 중 엽서 및 우표는 쉽게 구할 수 있지만, 항공 우편을 이용해야 하므로 우체국에 꼭 들러야 한다. 받는 사람 칸에 To South Korea 정도만 기입하고 나머지 주소는 한글로 써도 무방하니 겁먹지 말자.

소포

한국으로 소포를 보내는 방법은 항공편이나 택배, 선박을 이용하는 세 가지 방법이 있다. 항공편은 빨리 도착하지만 요금이 비싸고, 선박편은 시간이 오래 걸리는 대신 요금이 저렴한 장단점이 있다. 소포인 경우 우체국에서 내용물 검사를 하는 나라도 종종 있으므로 너무 예쁘게 포장해서 가져갔다가는 마음 상할 수 있다.

공공기관 필수표현

가까운 _____이 어디예요?

웨어리즈더 니어리스트 _____?
Where is the nearest _____?

은행 뱅크 / bank	환전소 커런씨익스체인지부스 / currency exchange booth	파출소 폴리스스테이션 / police station
PC방 이너넷카페 / Internet cafe	약국 드럭스토어 / drugstore	병원 하스피를 / hospital
여행사 트래블에이전시 / travel agency	우체국 포스트오피스 / post office	도서관 라이브러리 / library

여보세요. _____ 인가요?

핼로우 이즈 디스 _____?
Hello. Is this _____?

~양 미쓰 김 Miss Kim	~씨 미스터 김 Mr. Kim	~씨 미쎄스 김 Mrs. Kim
그랜드 호텔 더그랜드 호텔 the Grand Hotel	공항 디에어포트 the airport	버스 터미널 더버스터미널 the bus terminal
문 레스토랑 더문레스토랑 the Moon restaurant	대사관 디엠바시 the embassy	안내 데스크 디인포메이션데스크 the information desk

1 전화

■ 사만다 씨와 통화할 수 있을까요?
  메이아이 스픽투 사만다
  May I speak to Samantha?

■ 아부사이드 씨 계십니까?
  이즈 미스터 아부사이드 데어
  Is Mr. Abusaid there?

■ 폴 오스터 씨는 통화중입니다.
  미스터 폴오스터 이즈온 디아더 라인
  Mr. Paul Auster is on the other line.

■ 그는 지금 부재중인데요.
  히즈 낫 히어엣 더 모오먼
  He's not here at the moment.

■ 전하실 말씀이 있습니까?
  캐나이 테익커 메씨지
  Can I take a message?

■ 그가 언제 오는지 아세요?
  두 유 노우 웬 히 윌비백
  Do you know when he will be back?

■ 4시 경에 다시 걸겠습니다.
   아일컬 백 어라운 포 어클럭
   I'll call back around 4 o'clock.

■ 제게 전화 부탁한다고 전해 주세요.
   플리즈 에스킴 투컬미
   Please ask him to call me.

■ 전화번호를 말씀하세요.
   김미더 폰넘버 플리즈
   Give me the phone number, please.

■ 한국에 수신자 부담으로 전화하고 싶은데요.
   아이드 라익 투 메익커 컬렉트컬 투 코리아
   I'd like to make a collect call to Korea.

■ 장거리 전화를 하고 싶습니다.
   아이드 라익 투 매익커 롱디스턴스컬
   I'd like to make a long distance call.

■ 어디로 거실 겁니까?
   웨어 투
   Where to?

1 전화

■ 전화번호와 받는 분의 성함을 말씀해 주세요.
왓츠더 넘버 앤더 파리스네임
What's the number and the party's name?

■ 이름 박철현, 번호는 02-123-4567입니다.
철현 박, 오우투 원투쓰리 풔파이브씩스세븐
Cheol-hyeon Park, 02-123-4567.

■ 누구라도 괜찮습니다.
애니원 댓 앤썰즈 윌비 파인
Anyone that answers will be fine.

■ 전화를 끊고 계십시오. 다시 걸겠습니다.
플리즈 행업 앤 아일 컬 백
Please hang up, and I'll call back.

■ 끊지 말고 잠시 기다려 주세요.
홀던어 미닛 플리즈
Hold on a minute, please.

■ 말씀하세요. 상대방이 나왔습니다.
유어 파리스 언 더 라인 고우어헤드 플리즈
Your party's on the line. Go ahead, please.

■ 공중전화는 어디에 있습니까?
  웨어리즈어 페이폰
  Where is a payphone?

■ 이층으로 올라가세요. 거기에 있을 겁니다.
  고우 업스테어즈 앤 유 캔 파인딧
  Go upstairs, and you can find it.

■ 여기서 전화카드를 팝니까?
  두 유 셀 폰카즈 히어
  Do you sell phone cards here?

■ 전화를 사용해도 됩니까?
  메이 아이 유즈 유어폰
  May I use your phone?

2 우체국

■ 가장 가까운 우체국이 어디에 있습니까?
  웨어즈 더 니어리슷 포스트피스
  Where's the nearest post office?

■ 우표는 어디에서 팝니까?
  웨어 캐나이 겟썸 스탬스
  Where can I get some stamps?

■ 우체통이 어디에 있습니까?
  웨어리즈어 메일박스
  Where is a mailbox?

■ 10센트짜리 우표 한 장 주세요.
  김미어 텐센트 스탬프 플리즈
  Give me a 10 cent stamp, please.

■ 항공우편으로 보내고 싶습니다.
  아이 워너 센 디스 바이 에어메일
  I want to send this by airmail.

■ 속달로 부치고 싶은데요.
  아이드 라익 투 센딧 바이 익스프레스 메일
  I'd like to send it by express mail.

■ 이것을 보내는 데 요금은 얼마입니까?
   왓츠 더 포우스티지 포 디스
   What's the postage for this?

■ 한국까지 며칠 걸립니까?
   하우 롱 위릿 테익 투 리치 코리아
   How long will it take to reach Korea?

■ 이 편지의 무게를 좀 달아봐 주세요.
   플리즈 웨이 디스 레터
   Please weigh this letter.

■ 어디에 넣으면 되나요?
   웨어 캐나이 메일 디스
   Where can I mail this?

■ 안에 무엇이 들어 있습니까?
   왓츠 이닛
   What's in it?

■ 책이 들어 있습니다.
   데어라 북스 인디스
   There are books in this.

3 우체국 & 팩스

■ 소포를 보험에 들겠습니까?
　우쥬　라익투　인슈어　더파슬
　Would you like to insure the parcel?

■ 서울로 전보를 보내려고 합니다.
　아이　워너　센　더　텔리그램　투　서울
　I want to send a telegram to Seoul.

■ 긴급전보를 치려고 합니다.
　아이드　라익투　쎈던　어전트　케이블
　I'd like to send an urgent cable.

■ 전보용지 한 장 주세요.
　플리즈　김미어　텔리그램폼
　Please give me a telegram form.

■ 한 단어에 얼마인가요?
　하우머치　이즈잇　퍼　워드
　How much is it per word?

■ 어디서 팩스를 보낼 수 있습니까?
　웨어　캐나이　쌘더　팩스
　Where can I send a fax?

- 한국의 서울로 팩스를 보내려고 하는데요.
  아이드 라익 투 쌘더 팩스 투 서울 코리어
  I'd like to send a fax to Seoul, Korea.

- 팩스번호가 어떻게 됩니까?
  왓츠더 팩스넘버 인 서울
  What's the fax number in Seoul?

- 이것을 작성해 주세요. 보내 드리겠습니다.
  저슷 필 디스 아웃 앤 아일 센딧
  Just fill this out, and I'll send it.

- (팩스 내용의) 끝이 잘렸어요.
  더 라인즈 아 커러프
  The lines are cut off.

4 인터넷 까페

■ 근처에 PC방이 있나요?
　　이즈 데어런 이너넷까페 니어바이
　　Is there an Internet cafe nearby?

■ 여기에서 인터넷을 사용할 수 있나요?
　　캐나이 유즈더 이너넷 히어
　　Can I use the Internet here?

■ 한시간에 얼마예요?
　　하우 머치 두유 차지 퍼런 아워
　　How much do you charge for an hour?

■ 한글 쓸 수 있는 컴퓨터가 있나요?
　　두유햅 컴퓨러즈 댓써포트 더커리언랭귀지
　　Do you have computers that support the Korean language?

■ 한글을 다운받을 수 있을까요?
　　캐나이 다운로드 어커리언랭귀지 프로그램
　　Can I download a Korean language program?

■ 자리 옮겨도 될까요?
캐나이 무브투 어나더 씻
Can I move to another seat?

■ 인터넷이 안 돼요.
디 이너넷 이즈낫 워킹
The Internet is not working.

■ 헤드폰 좀 주실래요?
쿠쥬 김미 어헤드셋
Could you give me a headset?

■ 프린트할 수 있을까요?
캐나이 프린트 썸씽
Can I print something?

■ 사진이 안보여요.
아이 캔 씨더 픽쳐스
I can't see the pictures.

공공기관 주요 단어

은행

지폐	빌(미)/노트(영)	bill/note
동전	코인	coin
여행자수표	트래블러스첵	traveler's check
계좌번호	어카운트넘버	account number
신용카드	크래딧카드	credit card
신분증	아이덴티티카드	identity card
환전	익스체인지	exchange
수수료	커미션	commission
창구	윈도우	window
현금자동지급기	오토메릭텔러머쉰	automatic teller machine

PC방

PC방	이너넷까페	Internet cafe
메일	이메일	e-mail
파일	파일	file
모니터	모니러	monitor
마우스	마우스	mouse
인터넷	이너넷	Internet
검색	서치	search
문자	레러	letter

약국

약국	드럭스토어	drugstore
감기	코울드	cold
두통	해드에익	headache
복통	스토먹에익	stomachache
변비	컨스터패이션	constipation
설사	다이어리어	diarrhea
안약	아이워시	eyewash
소화제	다이제스트	digest
감기약	콜드메디슨	cold medicine
연고	새브	salve
아스피린	애스퍼린	aspirin
일회용밴드	밴디쥐	bandage
생리대	새니터리 냅킨	sanitary napkin
면봉	커튼벗	cotton bud
소독약	디스인펙턴트	disinfectant

10

트러블 대처 정보

트러블 필수표현

분실 / 도난

교통 사고

병원

약국

의사소통

트러블 주요 단어

트러블 대처

※ 해외에서 몸이 아프다거나 물건을 도난 당하는 등의 문제를 겪을 때 영어까지 발목을 잡는다면 더욱 당황하기 마련이죠. 여기서는 여행 중 일어날 수 있는 응급상황들을 살펴보고 그에 대처하는 말들을 모았습니다.

여행 중 사고에 대처하는 우리들의 자세

1. 기본적으로 자신의 신변은 스스로 책임지고 지켜야 한다.
2. 절대 현지인의 감언에 따라 그를 따라 가지 말고, 홈리스HOMELESS의 구걸 행위에 당황하거나 금전을 주지 말자.
3. 경찰의 법집행 명령에는 반드시 순응하고, 무장 강도를 만났을 경우, 무리하게 대처하지 말고 요구에 응한다.
4. 야간에 다니는 것은 범죄의 표적이 될 수 있으므로 자제하자.

1 여권 도난

여권을 잃어버리면 경찰서에 분실 신고를 하고, 한국대사관이나 영사관에 가서 여행임시증명서를 발급받는다.

2 항공권 분실

해당 항공사의 현지 공항 또는 사무실로 가서 분실 티켓 재발행 LOST TICKET RE-ISSUE 을 신청한다. 티켓 1장당 약 USD 50달러.

3 지갑 분실

지갑을 분실하면 곧장 가까운 경찰서로 가서 분실 신고를 해야 한다. 만약 여행자수표를 가지고 다닌다면 미리 수표 번호와 금액, 발행 일자를 적어두면 쉽게 재발급 받을 수 있다.

4 짐 분실

공항에서나 현지에서 짐을 분실한 경우 우선 가까운 파출소에 가서 분실 신고를 해야 한다. 만약 짐을 찾지 못했다면 보험 가입자에 한해 소정의 보상을 받을 수 있다.

5 교통사고

사고 처리는 가급적 경찰이 입회한 가운데 하는 것이 좋다.
피해자 리포트Complaint Report를 필히 작성하여 줄 것을 요청.
Police Report는 보험처리 시 가장 중요하므로 원본을 받아야 한다.

6 몸이 아플 때

가까운 약국에서 상비약을 구입할 수 있다. 그러나 증상이 심할 경우 곧장 병원으로 가자. 진단서와 치료비 영수증 원본을 받아둘 것. 필요 시 여행자보험 24시간 콜센터에 전화한다.

7 지금의 압박으로 여행을 지속할 수 없을 때

사고, 질병, 현금, 신용카드 분실, 도난으로 여행을 지속하기 힘든 경우, 해외 체류 2년 미만의 대한민국 국민이라면 1회에 한하여 미화 3천불 상당을 지원받을 수 있는 신속해외송금제도를 이용하자. 외교통상부 http://www.mofat.go.kr 상세 정보 확인.

8 꽃남·꽃녀의 과도한 친절, 일단 경계하기!

해외에서 낯선 사람이 건네준 음료를 마시거나 음식을 먹다가 피해를 입는 사례가 종종 있다. 또한 한국에 관심이 많다거나 한국어를 배우고 싶다며 접근하는 현지인이 많으니 주의해야한다.

트러블 필수표현

_____ 을 잃어버렸어요.

마이 _____ 워즈 스톨른
My _____ was stolen.

□ 지갑 월럿 wallet	□ 여권 패스포트 passport	□ 현금 캐쉬 cash
□ 카드 크레딧 카드 credit card	□ 여행자 수표 트래블러스첵 traveler's check	□ 가방 백 bag
□ 배낭 백팩 backpack	□ 디지털 카메라 디지를 케머러 digital camera	□ 노트북 랩탑컴퓨러 laptop computer

_____가 (이) 아파요.

아이 해브썸 페인 인마이 _____.
I have some pain in my _____.

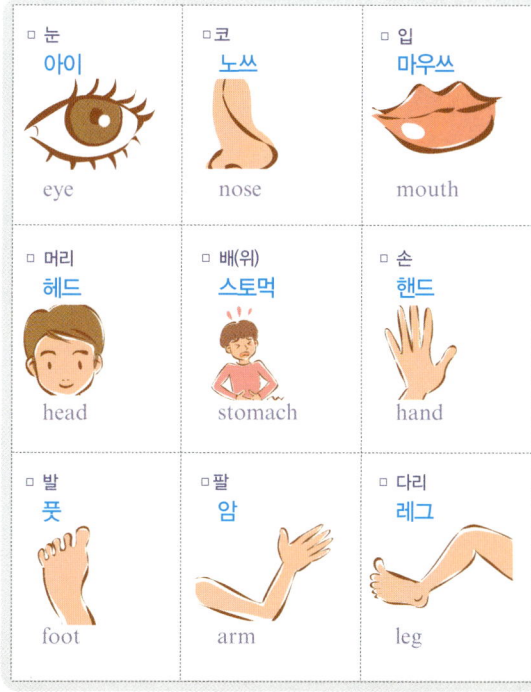

□ 눈 아이 eye	□ 코 노쓰 nose	□ 입 마우쓰 mouth
□ 머리 헤드 head	□ 배(위) 스토먹 stomach	□ 손 핸드 hand
□ 발 풋 foot	□ 팔 암 arm	□ 다리 레그 leg

1 분실 · 도난

- 여권을 잃어버렸어요.
  아이 러슷 마이패스폿
  I lost my passport.

- 지갑을 도난당했어요.
  마이펄스 워즈스톨른
  My purse was stolen.

- 가방을 택시에 놓고 내렸어요.
  아이 레프트 마이백 인 더 택시
  I left my bag in the taxi.

- 분실물센터가 어디인가요?
  웨어리즈더 로스트앤파운드
  Where is the lost and found?

- 경찰서에 전화해 주세요.
  컬 더 폴리스테이션 플리즈
  Call the police station, please.

- 도난 신고를 해야겠어요.
  아이드라익투 리포터 떼풋
  I'd like to report a theft.

■ 한국 대사관은 어떻게 갑니까?
하우 캐나이 겟투더 코리언앰버시
How can I get to the Korean Embassy?

■ 한국어 아는 분을 부탁합니다.
캐나이 턱 투 썸원 후 스픽스 코리언
Can I talk to someone who speaks Korean?

■ 분실증명서를 만들어 주세요.
메익 아우러 떼풋 리포트 플리즈
Make out a theft report, please.

■ 재발급받고 싶어요.
아이드 라익 투 게릿 리이슈드
I'd like to get it reissued.

■ 바로 재발급됩니까?
쿠쥬 리이슈잇 라이러웨이
Could you reissue it right away?

2 교통 사고

- 위급합니다!
  잇츠 언 이머전씨
  It's an emergency!

- 경찰을 불러 주세요.
  컬 더 폴리스 플리즈
  Call the police, please.

- 교통사고를 신고하려고 합니다.
  아이드 라익 투 리포터 트래픽엑씨던
  I'd like to report a traffic accident.

- 앰뷸런스를 불러주세요.
  커런 앰뷸런스 플리즈
  Call an ambulance, please.

- 다친 사람이 있습니까?
  이즈 데어 애니원 인쥬어드
  Is there anyone injured?

- 제 친구가 피를 흘립니다.
  마이 프렌디즈 블리딩
  My friend is bleeding.

■ 알겠습니다. 지금 어디에 있습니까?
   오케이 웨어라유 나우
   Okay. Where are you now?

■ 시청 근처의 조지가에 있어요.
   위아 온 조지스트릿 니어 시티홀
   We are on George Street near City Hall.

■ 알겠습니다. 지금 곧 가겠습니다.
   오케이 위일비 데어 라이러웨이
   Okay. We'll be there right away.

■ 당신은 그 사고에 관련된 사람인가요?
   워유 인벌브딘 디 액서던트
   Were you involved in the accident?

■ 이 부근에 병원이 있나요?
   이즈 데어러 하스피틀 어라운드 히어
   Is there a hospital around here?

■ 병원에 데려다 주세요.
   플리즈 테익 미 투어 하스피를
   Please take me to a hospital.

3 병원

■ 상태가 어떻습니까?
   하우 두유 필 나우
   How do you feel now?

■ 사고를 당했어요.
   아이 워즈이넌 액시던트
   I was in an accident.

■ 여기가 아파요.
   아이 해브썸 페인 히어
   I have some pain here.

■ 아파죽겠어요.
   이츠 킬링 미
   It's killing me.

■ 통증이 심합니다.
   잇 헐츠 미 어랏
   It hurts me a lot.

■ 몸살로 온몸이 쑤셔요.
   마이 바디 에익스 올오우버
   My body aches all over.

■ 거의 아무 것도 먹지 못하겠어요.
   아이 앰 이딩 베리 리틀
   I am eating very little.

■ 현기증이 나요.
   아이 필 디지
   I feel dizzy.

■ 감기에 걸린 것 같아요.
   아이 해버 콜드 아이 띵크
   I have a cold, I think.

■ 이 증상이 얼마나 됐나요?
   하우 롱 해뷰빈 필링 댓 웨이
   How long have you been feeling that way?

■ 얼마나 나빠졌습니까?
   하우 배드 이짓
   How bad is it?

■ 통증이 그렇게 심하지는 않아요.
   잇 더즌 헐머치
   It doesn't hurt much.

3 병원

■ 체온을 재 보겠습니다.
  렛 미 테이큐어 템퍼러쳐
  Let me take your temperature.

■ 엑스레이를 찍어 봅시다.
  렛츠 테이컨 엑스레이
  Let's take an X-ray.

■ 혈액형이 무엇입니까?
  왓츠유어 블러드타입
  What's your bloodtype?

■ A형입니다.
  마이 블럿타입 이즈 에이
  My blood type is A.

■ 입원을 해야 하나요?
  두 아이 햅 투 엔터더하스피틀
  Do I have to enter the hospital?

■ 수술을 해야할까요?
  두아이 니드 써저리
  Do I need surgery?

■ 저는 알러지체질입니다.
　　아이 햅 앨러지스
　I have allergies.

■ 저는 고혈압이 있어요.
　　아이 햅 하이블러드프레셔
　I have high blood pressure.

■ 여행자보험에 들었습니다.
　　아이 햅 트래블러스 인슈런스
　I have traveler's insurance.

■ 낫는 데 얼마나 걸릴까요?
　　하우롱 윌릿 테익투 리커버
　How long will it take to recover?

■ 여행을 계속할 수 있을까요?
　　캐나이 컨티뉴 트래블링
　Can I continue traveling?

4 약국

- 이 병원에는 약국이 없습니다.
  데어스 노 드럭스토어 인 디스 하스피틀
  There's no drugstore in this hospital.

- 약국을 찾고 있습니다.
  아임 루킹 포러 파머시
  I'm looking for a pharmacy.

- 이 처방전대로 약을 지어 주세요.
  플리즈 필 디스 프리스크립션
  Please fill this prescription.

- 이 약은 어떻게 먹습니까?
  하우 두 아이 테익 디스 메디슨
  How do I take this medicine?

- 하루 세 번 식후에 드세요.
  테익 디즈 쓰리 타임즈 어 데이 애프터 미일즈
  Take these 3 times a day after meals.

- 이 처방전을 가지고 약국으로 가세요.
  테익 디스 프리스크립션 투 더 파머씨
  Take this prescription to the pharmacy.

■ 이 약을 얼마나 오랫동안 복용해야 하나요?
  하우롱 슈다이 테익 디스 메디슨
  How long should I take this medicine?

■ 소화제를 살 수 있을까요?
  캐나이 해브 어 다이제스티브
  Can I have a digestive?

■ 이것은 감기에 잘 듣는 약이에요.
  디스 이즈 썸 굿메디슨 퍼러 콜드
  This is some good medicine for a cold.

■ 슈퍼마켓에서 몇가지 약을 살 수 있어요.
  유캔 바이 썸 메디슨 인더 슈퍼마켓
  You can buy some medicine in the supermarket.

5 의사 소통

- 영어 할 줄 알아요?

  캔유 스픽 잉글리쉬

  Can you speak English?

- 조금밖에 못해요.

  저스터 리를

  Just a little.

- 이걸 영어로 어떻게 말하나요?

  하우두유 세이 디스 인 잉글리쉬

  How do you say this in English?

- 써주실 수 있나요?

  우쥬 플리즈 롸잇 잇 다운

  Would you please write it down?

- 무슨 뜻인지 잘 모르겠어요.

  아이 돈 게릿

  I don't get it.

- 한국어 할 줄 아는 사람 없나요?

  더즈 애니원 스픽 코리언

  Does anyone speak Korean?

- 통역이 필요해요.
  아이 니던 인터프리터.
  I need an interpreter.

- 영어로는 설명할 수 없어요.
  아이캔 익스플레이닛 인 잉글리시
  I can't explain it in English.

- 무슨 뜻인가요?
  왓 두유 민
  What do you mean?

- 조금 천천히 말씀해 주실래요?
  쿠쥬 스픽 모어 슬로울리
  Could you speak more slowly?

트러블 주요 단어

각종 사고

강도	라버	robber
협박	쓰렛	threat
소매치기	픽포켓	pickpocket
교통사고	카엑시던트	car accident
무단횡단	제이웍	jaywalk
구급차	앰뷸런스	ambulance
뺑소니	히랜넌	hit and run

진료 과목

내과	인터널디팟먼트	internal department
외과	써지컬디팟먼트	surgical department
피부과	더마털러지	dermatology
소아과	페디아트릭스	pediatrics
안과	옵떼믹클리닉	ophthalmic clinic
치과	덴탈클리닉	dental clinic

증상

증상	씸텀	symptom
알레르기	알러지	allergy
감기	코울드	cold
식중독	푸드포이즈닝	food poisoning
고혈압	하이블러드프레셔	high blood pressure
저혈압	로우블러드프레셔	low blood pressure
당뇨	다이어비티즈	diabetes
요통	럼베이고우	lumbago
골절하다	브레이커본	break a bone
찰과상	스크래치	scratch
생리통	맨스트루얼 크램스	menstrual cramps
다래끼 나다	해버스타이	have a stye
화상	번	burn
두드러기	레쉬	rash
물집	블리스터	blister

11

귀국 전 체크 사항
귀국 필수표현
예약 확인
예약
예약 변경
귀국 수속
귀국 주요 단어

귀국하기

※ 벌써 귀국입니다. 신나게 여행하다 보면 어느덧 귀국 시점이 되어 아쉬움이 많이 남습니다.
하지만 다음을 기약하며 마무리를 잘 하는 것이 중요하겠죠?

homecoming

귀국 전 체크 사항

기분 좋게 여행했는데 마지막 귀국하는 과정에서 기분을 상하게 된다면 여행 전체를 나쁜 기억으로 남길 수 있다. 반입 금지 품목을 자신도 모르는 사이에 들고와 문제가 생길 수 있으므로 사전에 알아두는 것이 좋다.

1 반입 금지 품목

- 화폐, 지폐, 유가증권 등의 모조품이나 위·변조품 등
- 국제협약에서 보호하는 멸종 위기에 처한 야생 동·식물 및 이들로 만든 제품 등
- 총기나 도검류(장난감이나 장식용도 포함), 마약류, 향정신성 의약품류 등
- 미풍양속 저해물품(음란 서적 및 CD, 사진, 테이프 등)

2 신고를 요하는 물품

- 긴급수리용품, 견본품 등 회사 용품
- 출국 시 휴대 반출 신고했던 물품을 재반입하는 물품
- 일시 귀국하여 우리나라에서 사용하고 출국시 재반출할 물품
- 우리나라에 반입할 의사가 없어 세관에 보관했다가 출국 시 반출할 물품

- 1만 불 상당을 초과하는 외화나 원화, 원화 표시된 자기앞, 당좌 수표, 우편환 등

3 면세 범위

반입하는 모든 물품의 합계 금액이 US600달러를 초과하지 않아야하며, 주류 1병(1리터 이하), 담배 200개비, 향수 2온스 이내까지만 허용된다.

귀국 필수표현

_____로 변경하고 싶어요.

아이드 라익투 체인지 잇투(어/더)____(플라잇)
I'd like to change it to(a/the) _____ (flight.)

□ 다음 넥스트 next	□ 다른 것 애니 아더 any other	□ 아침 모닝 morning
□ 오후 애프터눈 afternoon	□ 내일 투머로우 tomorrow	□ 5월 5일 메이 피프쓰 May 5
□ 대한항공 코리언 에어 Korean Air	□ 아시아나 항공 아시아나에어 Asiana Airlines	□ 다른 항공 어나더 에어라인 another airline

_____을 가지고 있어요.

아이 해(버) _____.
I have (a) _____.

□ 들고갈 짐 캐리온 백 carry-on bag	□ 부칠 짐 배기지 투 책 baggage to check	□ 유로 유로 Euros
□ 한국 돈 코리안 원 Korean won	□ 미국 달러 유에스 달러 U.S. dollars	□ 쿠폰 큐펀 coupon
□ 과일 깎이용 칼 프룻트 나이프 fruit knife	□ 약 메디슨 medicine	□ 면세품 듀티프리 아이템 duty-free item

1 예약 확인

- 예약을 확인하고 싶습니다.
  아이드 라익 투 컨펌 마이 레저베이션
  I'd like to confirm my reservation.

- 비행기편을 말씀해 주십시오.
  김미 유어 플라잇넘버 플리즈
  Give me your flight number, please.

- AN 825 기입니다.
  에이엔 에잇투파이브
  AN 825.

- 내일 아침 8시에 서울로 떠나는 비행기로군요.
  유어 리빙 포 서울 투모로우 앳 에잇 에이엠
  You've leaving for Seoul tomorrow at 8 a.m.

- 예약이 확인되었습니다.
  유어 레저베이션 이즈 컨펌드
  Your reservation is confirmed.

- 명단에 없습니다.
  아이캔 파인 유어 네임 언더 리스트
  I can't find your name on the list.

■ 그럴 리가요. 분명히 예약했거든요.
   노 웨이 아이 데피니틀리 메이더 레저베이션
   No way. I definitely made a reservation.

■ 대기자 명단에 올려 주세요.
   플리즈 풋 마이내임 언 더 웨이팅리스트
   Please put my name on the waiting list.

■ 어떻게 해야 하나요?
   왓 캐나이 두
   What can I do?

■ 그밖에 또 필요한 것이 있습니까?
   애니띵 엘스
   Anything else?

■ 아니오. 없습니다.
   노우 댓츠 올
   No. That's all.

2 예약

■ 지금 예약할 수 있나요?
  캐나이 메이커 레져베이션 나우
  Can I make a reservation now?

■ 오픈 티켓을 가지고 있는데요.
  아이브 가런 오픈 티켓.
  I've got an open ticket.

■ 서울로 가는 비행기편이 있습니까?
  두 유 햅 애니 플라잇투 서울
  Do you have any flights to Seoul?

■ 서울행 비행기를 예약하고 싶어요.
  아이드 라익 투 메익커 레저베이션 포 서울
  I'd like to make a reservation for Seoul.

■ 언제 떠나실 겁니까?
  웬 우쥬 라익 투 리브
  When would you like to leave?

■ 다음 주 토요일이요.
  넥스 쎄러데이
  Next Saturday.

- 이코노미 클래스로 주세요.
  이코노미 클래스 플리즈
  Economy class, please.

- 연락처를 알려 주십시오.
  폰넘버 플리즈
  Phone number, please.

- 성함의 철자가 어떻게 됩니까?
  하우 두유 스펠 유어네임
  How do you spell your name?

- 서울행 비행기의 시간표를 알려 주세요.
  플리즈 텔 미 유어 플라잇스케쥴 투 서울
  Please tell me your flight schedule to Seoul.

3 예약 변경

■ 전화로 예약 상황을 확인할 수 있을까요?
캐나이 첵더 스테이터스 바이컬링
Can I check the status by calling?

■ 예약을 변경하려고 합니다.
아이드 라익 투 체인지 마이 레저베이션
I'd like to change my reservation.

■ 어떻게 변경하시겠어요?
하우 두 유 워너 체인짓
How do you want to change it?

■ 날짜를 바꿔 주세요.
아이 워너 체인지마이 플라잇데이트
I want to change my flight date.

■ 다음 주 월요일에 떠나고 싶습니다.
아이 워너 리브 언 넥스먼데이
I want to leave on next Monday.

■ 다음 주 월요일에는 자리가 없습니다.
데얼안트 애니 베이컨시즈 언 넥스먼데이
There aren't any vacancies on next Monday.

■ 다음 주 토요일은 어떻습니까?
하우 어바웃 넥스쎄러데이
How about next Saturday?

■ 다음 주 토요일은 가능합니다.
넥스쎄러데이 이즈어베이러블
Next Saturday is available.

■ 예약을 취소하려고 합니다.
아이드 라익 투 캔슬 마이 레저베이션
I'd like to cancel my reservation.

■ 다음 비행기는 언제 있습니까?
웨니즈 더 넥스 플라잇
When is the next flight?

■ 내일은 괜찮을까요?
이즈 투머로우 오케이
Is tommorrow Okay?

4 귀국 수속

■ 어디서 탑승 수속을 밟죠?
　　웨어리즈 더 첵인카운터
　　Where is the check-in counter?

■ 여권과 항공권을 보여주세요.
　　메이 아이 해뷰어 패스포트 앤 티켓
　　May I have your passport and ticket?

■ 창가 자리로 주세요.
　　윈도우씻 플리즈
　　A window seat, please.

■ 탑승 시간은 언제입니까?
　　와리즈 더 보딩타임
　　What is the boarding time?

■ 몇 번 탑승구죠?
　　왓츠 더 게잇넘버
　　What's the gate number?

■ 공항세를 내야 합니까?
　　이즈 데어러 디파쳐 텍스?
　　Is there a departure tax?

■ 정시에 출발합니까?
    윌 마이플라잇 테이커프 언타임
    Will my flight take off on time?

■ 부칠 짐이 있으신가요?
    두유햅 애니 러기지 투 체킨
    Do you have any luggage to check in?

■ 짐이 초과되었습니다.
    유어베기지 이즈 오우버웨잇
    Your baggage is overweight.

귀국 주요 단어

공항

대한항공	코리안에어	Korean Air
아시아나항공	에이지아나에러라인	Asiana Airlines
예약	레져베이션	reservation
취소	캔슬	cancel
이륙	테익오프	takeoff
착륙	렌딩	landing
연착	딜레이	delay
결항	캔슬	cancel
카운터	카운터	counter
공항 이용료	디파쳐텍스	departure tax
항공기 편명	플라잇넘버	flight number
탑승권	보딩패스	boarding pass
탑승구	보딩게잇	boarding gate
대기	스탠바이	standby
수하물 검사	씨큐리티첵	security check
세관	커스텀즈	customs
카트	카트	cart
탑승 수속	체킨	check in
출발 로비	디파쳐라운지	departure lounge
몸수색	바디써치	body search

검역	쿼런틴	quarantine
출국 수속	디파쳐프로시듀어	departure procedure
수하물	배기지(미)/러기지(영)	baggage/luggage

면세점

면세점	듀티프리샵	dutyfree shop
주류	리쿼	liquor
초콜릿	처컬릿	chocolate
기념품	수비니어	souvenir
화장품	코스메틱	cosmetic
위스키	위스키	whisky
보드카	보드카	vodka
담배	씨가렛	cigarette
세금	듀티	duty
세일	세일	sale
영수증	리씹트	receipt
쇼핑백	백	bag

12

친구 사귀기

날씨

날짜

시간

기분

추가 단어

숫자

시간/ 요일 / 계절

신체

유용한 표현

※ 관광객으로 북적이는 여행지를 다니다보면 외국인 친구 사귀는 일이 너무나 자연스럽게 이뤄지는데요. 영어에 자신이 없다는 이유로 이 기회를 놓칠 순 없겠죠? 다음의 기본적인 표현만 알아도 영어 좀 하는 척, 외국인과 친한 척 하기에 충분합니다.

1 친구 사귀기

■ 어떻게 부르면 좋을까요?(이름이 뭐예요?)
   왓슈라이 콜유
   What should I call you?

■ 그냥 하루키라고 불러주세요.
   저슷 콜미 하루키
   Just call me Haruki.

■ 한국에서 왔어요.
   암 프럼 코리아
   I'm from Korea.

■ 학생인가요?
   아유 어 스튜던트
   Are you a student?

■ 전공이 뭐예요?
   왓츠 유어 메이저인 유니버스티
   What's your major in university?

■ 국문학이에요.
   코리언 리터러쳐
   Korean Literature.

- 무슨 일을 하나요?
    왓 두유두 퍼러리빙
    What do you do for a living?

- 편집자 / 회사원 / 선생님이에요.
    암 언 에디터 / 오피스워커 / 티처
    I'm an editor / office worker / teacher.

- 사업하고 있어요.
    아이 런 마이 온 비지니스
    I run my own business.

- 시간이 나면 뭐하세요?
    왓 두유듀 인유어 스페어 타임
    What do you do in your spare time?

- 책 읽기 / 영화 보기를 좋아해요.
    아이 라잌 투 리드 북스 / 씨 무비즈
    I like to read books / see movies.

- 걷는 것 / 수영 / 술마시기를 좋아해요.
    아이 러브 투 워크 / 스윔 / 드링크
    I love to walk / swim / drink.

1 친구 사귀기

■ 와, 당신 정말 멋져요!
   와우 유아 소 쿠울
   Wow, you are so cool!

■ 전 조금 부끄러움을 타는 편이에요.
   유 노, 암 어 리를 빗 샤이
   You know, I'm a little bit shy.

■ 여행을 자주 다니나요?
   하우 오픈 두 유 고 오버시즈
   How often do you go overseas?

■ 이번이 처음이에요.
   디스 이즈 마이 퍼스트 타임
   This is my first time.

■ 혼자 여행하는 것을 좋아하나봐요.
   두 유 라익 투 트레블 얼론
   Do you like to travel alone?

■ 새로운 사람 사귀는 것을 좋아해요.
   아이 리얼리 라익 투 메익 프랜즈
   I really like to make friends.

- 크루즈 여행은 어땠어요?
    하우 워즈 유어 크루즈
    How was your cruise?

- 추천해줄만 하던가요?
    두유 리커멘드 댓 포미
    Do you recommend that for me?

- 얘기 재밌었어요.
    아이 인조이드 토킹 위쥬
    I enjoyed talking with you.

- 다시 만날 수 있겠죠?
    캔 위 밋 어겐
    Can we meet again?

- 메일 보낼게요
    아일 쌘듀언 이메일.
    I'll send you an e-mail.

- 연락하고 지내요 우리.
    렛츠 키핀 터치
    Let's keep in touch.

243

2 날씨

- 좋은 날씨죠.

  나이스 데이 이즈닛

  Nice day today, isn't it?

- 네, 정말이에요.

  예스 잇 써든니즈

  Yes, it certainly is.

- 오늘 일기 예보는 어떻습니까?

  왓츠더 웨더포어케스트 포투데이

  What's the weather forecast for today?

- 내일 날씨가 어떨까요?

  하우윌더 웨더비 투머로우

  How will the weather be tomorrow?

- 내일은 비가 올 겁니다.

  위일햅 레인 투머로우

  We'll have rain tomorrow.

- 요즈음 날씨가 변덕스럽군요.

  더웨더 이즈 체인저블 디즈데이즈

  The weather is changeable these days.

■ 일기 예보는 믿을 수가 없어요.
  유캔 릴라이온더 웨더포케스트
  You can't rely on the weather forecast.

■ 이곳의 봄(가을)을 좋아하세요?
  하우 두유라익 더 스프링(폴)히어
  How do you like the spring (fall) here?

■ 보스톤과 비교해서 여기 날씨는 어떻게 다르죠?
  하우 디퍼런티즈더 클라이메티어 컴페어드윋 보스톤
  How different is the climate here compared with Boston?

■ 한국보다 캘리포니아가 더 쾌적한 것 같아요.
  아이필 머치모어 컴퍼러블 인캘리포니아 대닌코리아
  I feel much more comfortable in California than in Korea.

245

3 날짜 · 시간

- 오늘 며칠이에요?
  와리즈 투데이즈 데이트
  What is today's date ?

- 1월 2일이요.
  잇츠 제뉴워리 쎄컨드
  It's January 2.

- 오늘 무슨 요일이에요?
  왓데이 이짓 투데이
  What day is it today?

- 금요일이요.
  투데이 이즈 프라이데이
  Today is Friday.

- 지금 몇 시예요?
  왓타임 이짓나우
  What time is it now?

- 지금 몇 시인가요?
  두유 햅더 타임
  Do you have the time?

- 아직 7시밖에 안 되었어요.
  잇츠 스틸 온니 세븐 어클락
  It's still only seven o'clock.

- 오전 8시 15분입니다.
  잇처 쿼러 애프터 / 패스트 / 에잇 인더모닝
  It's a quarter after / past / 8 in the morning.

- 오후 8시 10분 전입니다.
  잇츠 텐 미닛츠 투에잇 인더이브닝
  It's 10 minutes to 8 in the evening.

- 5시 반 정도 된 것 같아요.
  아이게스 잇츠 어라운드 파이브 써리
  I guess it's around 5:30 (five thirty).

- 시계가 정확한가요?
  이쥬어 왓치 코렉트
  Is your watch correct?

- 제 시계는 5분 정도 빠른 것 같아요.
  마이 왓치즈 파이브 미닛츠 오얼쏘 페스트
  My watch is five minutes or so fast.

4 기분

- 그 말을 들으니 정말 기뻐요.
  암 베리 글레드투 히어릿
  I'm very glad to hear it.

- 멋질 거예요!
  뎃 우드비 나이스
  That would be nice!

- 정말 안심했어요!
  와러 릴리프
  What a relief!

- 놀랍군요! 믿을 수 없어요!
  뎃츠 어메이징 / 인크레더블
  That's amazing! / Incredible!

- 멋져요! 굉장하군요!
  뎃츠 테러픽 / 판타스틱
  That's terrific! / Fantastic!

- 끔찍해요!
  와러 쉐임
  What a shame!

- 진심인가요? 농담하는 거죠?
  아유 씨어리어스 / 아유 키링미
  Are you serious? / Are you kidding me?

- 기분이 우울해요.
  암 디프레스트 / 아이 필 릴리 다운
  I'm depressed. / I feel really down.

- 기분이 좋지 않아요.
  암 낫 이너 굿 모드
  I'm not in a good mood.

- 실망했어요.
  암 디스어포이니드
  I'm disappointed.

- 가엾어라!
  와러 피리
  What a pity!

- 유감스럽네요.
  암 쏘리 투 히얼뎃
  I'm sorry to hear that.

유용한 단어 – 숫자

0	zero		지로
1	one		원
2	two		투
3	three		쓰리
4	four		포
5	five		파이브
6	six		씩스
7	seven		쎄븐
8	eight		에잇
9	nine		나인
10	ten		텐
11	eleven		일레븐
12	twelve		투웰브
13	thirteen		써틴
14	fourteen		포틴
15	fifteen		핍틴
16	sixteen		씩스틴
17	seventeen		세븐틴
18	eighteen		에잇틴
19	nineteen		나인틴
20	twenty		투웬티
30	thirty		써티
40	forty		포티
50	fifty		핍티
60	sixty		씩스티
70	seventy		쎄븐티

80	eighty	에잇티
90	ninety	나인티
100	one hundred	원헌드레드
1,000	one thousand	원싸우전드
10,000	ten thousand	텐싸우전드
100,000	hundred thousand	헌드레드싸우전드
1,000,000	one million	원밀리언
1/2	a half	어 핼프
1/3	one third	원 써드
1/4	a quarter	어 쿼러
2배	twice	투와이스
3배	triple	트리플
한 번	once	원쓰
두 번	twice	투와이스
세 번	three times	쓰리타임즈
1다스	one dozen	원 더즌
2다스	two dozen	투 더즌
첫번째	first	퍼스트
두번째	second	세컨드
세번째	third	써드
네번째	fourth	포스
다섯번째	fifth	핍스
여섯번째	sixth	씩스스
일곱번째	seventh	쎄븐스

유용한 단어 – 숫자 · 시간

여덟번째	eighth	에잇스
아홉번째	ninth	나인스
열번째	tenth	텐스
열한번째	eleventh	일레븐스
열두번째	twelfth	투웰프스
열세번째	thirteenth	써틴스
스무번째	twentieth	투웨니스
서른번째	thirtieth	써티스
마흔번째	fortieth	포티니스
쉰번째	fiftieth	핍티스
예순번째	sixtieth	씩스티스
일흔번째	seventieth	쎄븐티스
여든번째	eightieth	에잇티스
아흔번째	ninetieth	나인티스
백번째	hundredth	헌드레드스

시간	time	타임
한 시간	one hour	원 아우어
두 시간	two hours	투 아우어즈
분	minute	미니트
초	second	세컨드
오전	a.m.	에이엠
오후	p.m.	피엠
10초	ten seconds	텐 세컨즈
5분	five minutes	파이브 미니츠
10분	ten minutes	텐 미니츠

유용한 단어 - 요일

30분	half an hour	핼프 언 아우어
일, 하루	day	데이
오전	morning	모닝
오후	afternoon	애프터누운
저녁	evening	이브닝
밤	night	나이트
정오	noon	누운
오늘	today	투데이
어제	yesterday	예스터데이
내일	tomorrow	투모로우
오늘 아침	this moning	디스 모닝
오늘 저녁	this evening	디스 이브닝
오늘 밤	tonight	투나잇

요일	day	데이
일요일	Sunday	썬데이
월요일	Monday	먼데이
화요일	Tuesday	투즈데이
수요일	Wednesday	웬즈데이
목요일	Thursday	썰즈데이
금요일	Friday	프라이데이
토요일	Saturday	쎄터데이
공휴일	holiday	할러데이

주	week	위크
이번 주	this week	디스위크

유용한 단어 - 계절·월

다음 주	next week	넥스트위크
지난 주	last week	래스트위크
봄	spring	스프링
여름	summer	써머
가을	fall / autumn	폴 / 오텀
겨울	winter	윈터
달(月)	month	먼스
1월	January	재뉴어리
2월	February	패브러리
3월	March	마취
4월	April	애이프릴
5월	May	메이
6월	June	주운
7월	July	줄라이
8월	August	어거스트
9월	September	셉템버
10월	October	악토우버
11월	November	노우벰버
12월	December	디셈버
이번 달	this month	디스먼스
다음 달	next month	넥스트먼스
지난 달	last month	라스트먼스

유용한 단어 - 신체

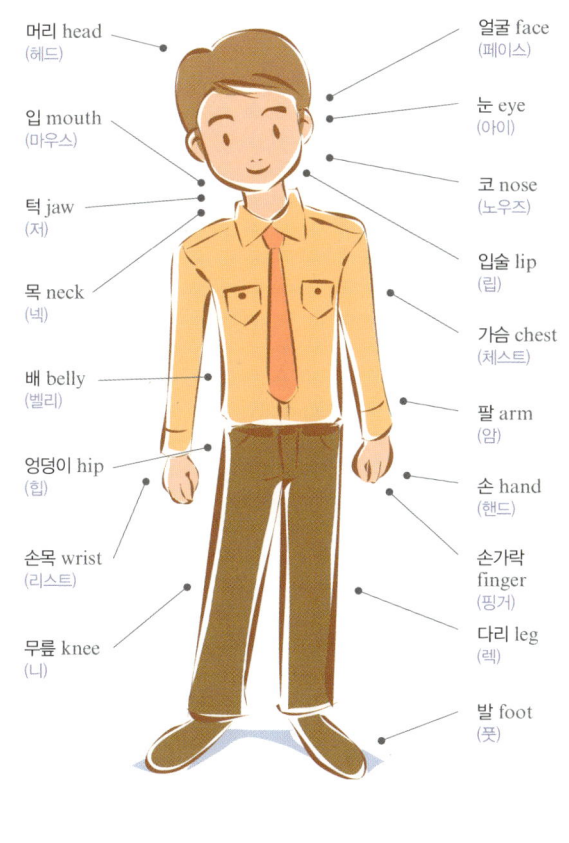

- 머리 head (헤드)
- 입 mouth (마우스)
- 턱 jaw (저)
- 목 neck (넥)
- 배 belly (벨리)
- 엉덩이 hip (힙)
- 손목 wrist (리스트)
- 무릎 knee (니)
- 얼굴 face (페이스)
- 눈 eye (아이)
- 코 nose (노우즈)
- 입술 lip (립)
- 가슴 chest (체스트)
- 팔 arm (암)
- 손 hand (핸드)
- 손가락 finger (핑거)
- 다리 leg (렉)
- 발 foot (풋)

Memo

Memo

Memo

여권번호 Passport No.					
비자번호 Visa No.					
항공권번호 Air Ticket No.					
항공권편명 Flight name					
여행자수표번호 Traveler's check No.					
해외여행보험번호 T. A. No					
항공권예약					
긴급연락처 Contact address in an emergency					